G. C. F. Lisch

Urgeschichte des Ortes Malchow

G. C. F. Lisch

Urgeschichte des Ortes Malchow

ISBN/EAN: 9783743360389

Hergestellt in Europa, USA, Kanada, Australien, Japan

Cover: Foto ©ninafisch / pixelio.de

Manufactured and distributed by brebook publishing software (www.brebook.com)

G. C. F. Lisch

Urgeschichte des Ortes Malchow

Urgeschichte
des
Ortes Malchow,

von

G. C. F. Lisch,
Archivrath.

Mit 6 Holzschnitten.

Schwerin, 1867.

Druck der Bärensprung'schen Hofbuchdruckerei in Schwerin.

Der Ort Malchow, so klein die Stadt auch immer gewesen und geblieben ist, hat in der ältesten Zeit der Geschichte unsers Landes eine hervorragende Bedeutung gehabt und führt noch jetzt einen bekannten Namen, so daß es wohl der Mühe werth sein mag, die älteste Geschichte des Ortes in seinen vielfachen Erscheinungen zu erforschen. Da es mir vergönnt gewesen ist, nicht nur die natürliche Lage, sondern auch die Archive an Ort und Stelle beobachten und benutzen zu können, so wird es für die Landesgeschichte nicht ohne Werth sein, die Ergebnisse meiner Forschungen über die ältesten Zeiten des Ortes der Oeffentlichkeit zu übergeben: — des Ortes, muß ich sagen, da die Lage desselben zu verschiedenen Zeiten eine sehr verschiedene gewesen ist und man die Erkenntniß des Einzelnen nur durch die Auffassung des Ganzen gewinnen kann.

Uebrigens können diese Blätter nur allgemeine Forschungen und Ansichten bringen, da zu einer erschöpfenden Darstellung ein größerer Aufwand an Zeit und Kraft gehört haben würde, als ich derselben jetzt bringen kann. Jedoch werden diese Andeutungen für die Folge zu einer ziemlich sicheren Grundlage für eine Einreihung in ein größeres Ganzes dienen können. Merkwürdig und wichtig genug ist Manches.

1.

Die natürliche Lage von Malchow.

Das östliche Meklenburg war für die alten Zeiten im Süden durch eine Reihe bedeutender Gewässer geschützt, welche alle in das Flußsystem der Elde eingereihet werden. Man setzt den Ursprung der Elde in das Land Röbel, südlich von Malchow, und läßt verschiedene kleine Gewässer vereinigt als Elde in das südliche Ende des großen Müritz-Sees sich ergießen. Aus diesem strömt ein kurzer Fluß, welcher früher zum Theil auch wohl die Reke hieß, aber bis heute schon Elde genannt worden ist; hier ward auch eine Feste gebauet, welcher man den Namen Eldenburg gab. Sogleich erweitert sich aber das Gewässer wieder zu zwei großen Seen, dem Cölpin- und Flesen-See, welche sich bis nahe vor Malchow erstrecken.

Bei Malchow strömt die Elde als ein ziemlich breiter Strom aus dem Flesen-See, verengt sich unterhalb etwas, geht bei der Lenz-Burg in den Plauer-See, um bei der Stadt Plau als vollständig ausgebildeter kleiner Fluß in das Land zu treten. Alle diese Verengungen und Aus- und Eingangs-Puncte, nämlich Eldenburg, Malchow, Lenz und Plau, weiter abwärts auch noch die Eldenburg Lübz, waren in früheren Zeiten außerordentlich wichtige, befestigte Uebergangspuncte, welche schon häufig in der Meklenburgischen Geschichte behandelt sind.

Abgesehen von den genannten Seen, hat die Elde bei Malchow die größte Breite; so weit sie das Gebiet der Stadt und des Klosters berührt, erscheint sie wie ein großer[1] Strom, das „Malchowsche Wasser" oder der „Malchowsche See" genannt, und bietet mit ihren Ufern einen wechselvollen, belebten, oft schönen Anblick. Beide Ufer, im Süden und im Norden sind hoch und fest und bilden die ziemlich steilen Abfälle hochliegenden Ackerlandes, so daß eine größere städtische Anlage in gleicher Ebene mit dem Wasser auf den Ufern unmöglich ist.

Auf dem Südufer liegt das Kloster Malchow auf der Höhe eines lang gestreckten, terrassirten Abhanges, welcher durch Baumanlagen reich geschmückt ist.

---

[1] Schon im J. 1232 wird es das „Wasser, so von Malochowe heruntergehet in den See Cuzbin", genannt, als die Fürsten dem Bisthum Schwerin die beiden Dörfer (Biestorf) an diesem Wasser und das halbe Wasser selbst gaben. Vgl. Meklenb. Urk. B. I, Nr. 398.

Gegenüber an dem Nordufer liegt die Stadt Malchow auf einer kleinen sumpfigen Insel, welche seit der ältesten Zeit im Norden durch eine Brücke mit dem festen Lande verbunden ist; auf dem Abhange des festen Landes sind zur Erweiterung der Stadt in neuern Zeiten zwei Straßen in gleicher Richtung gebauet, welche kaum Platz in der Fläche der Gewässer haben.

Hier, zwischen Kloster und Stadt, ist seit uralter Zeit der Uebergang über das Wasser, welches hier 800 Fuß breit[1]) ist vom Kloster nach der Stadt-Insel; in frühern Zeiten ward der Uebergang lange Zeit durch eine Fähre vermittelt, in den neuesten Zeiten ist ein fahrbarer Damm eingeschüttet. In alten Zeiten stand auch hier eine Brücke, von welcher sich häufig alte eichene Pfähle[1]) im Wasser gefunden haben.

So weit sich das „Malchowsche Wasser" erstreckt, ist nirgends ein Punct, der sich wegen des überall festen Landes und der nahen hohen Ufer zu einer Befestigung nach alter Weise eignete, wenn man nicht die niedrige Insel dafür halten will, auf welcher die jetzige Stadt Malchow erbauet ist. Nur am östlichen Ende des Südufers, auf der Ecke, wo das „Malchowsche Wasser" aus dem Flesen-See tritt, nahe bei und in gleicher Richtung mit dem jetzigen Kloster, ist eine größere, tiefe Fläche feuchten Landes, welche jetzt zu dem benachbarten Dorfe Laschendorf gehört und in welcher ein großer heidnischer Burgwall, der „Burgwall von Laschendorf", steht, der ganz geeignet ist, den wichtigen Uebergangspunct und die Gewässer zu beherrschen. Dies ist die heidnische Burg Malchow.

2.
Die heidnische Burg Malchow.

Auf dem Südufer des „Malchowschen Wassers" der Elbe, in gerader Richtung östlich ungefähr eine Viertelstunde von dem Kloster entfernt und von hier klar sichtbar, der Stadt schräge gegenüber, auf einem niedrigen Vorsprunge der jetzigen Laschendorfer Feldmark gegen den Flesen-See, steht am Wasser ein großer heidnischer Burgwall, welcher noch ziemlich gut erhalten ist und zu den größten

---

[1]) Nach der Mittheilung des Herrn Wasserbaumeisters Garthe, welcher die Elben-Gewässer seit langer Zeit sehr genau kennt und manche Alterthümer aus denselben eingeliefert hat.

Burgwällen der letzten Heidenzeit im Lande gehört. Er hat durchaus alle Eigenthümlichkeiten der Burgwälle der letzten Wendenzeit, und ist von mir schon im J. 1842 [1]) und von dem Literaten L. Fromm wieder im J. 1865 [2]) untersucht.

Dieser Vorsprung der Laschendorfer Feldmark ist flach und niedrig, nirgends über 6 Fuß höher als der Spiegel des Sees, jetzt nicht mehr sumpfig, sondern schon trockene Wiese, jedoch an einigen Stellen noch feucht, und wird östlich von dem niedrigen Laschendorfer Höhenzuge, auch von Erlenholz begrenzt. Gegen Norden erstreckt sich die Niederung bis zum Flesen-See und wird hier die „Gröning" genannt. Am nördlichen Ufer steht die Laschendorfer Ziegelei, am westlichen Ufer liegen die Thongruben der Malchowschen Töpfer, beide in der Tiefe.

In dieser Niederung, in einer Lage, welche die Ufer und die Gewässer beherrscht, steht nun der große, künstlich aufgeschüttete Burgwall. Der „Burgwall" bildet ein längliches Rechteck, dessen Längenaxe von Süden nach Norden geht, und hat steile Abfälle und oben auf dem Rande einen Ringwall. Der obere, innere Raum dieses aufgetragenen Hügels ist 23 Fuß hoch über der Niederung und wenigstens 80 Schritte lang und wird beackert; jedoch stehen auf dem Plateau mehrere große Eichen. Der Ringwall erhebt sich 3 bis 4 Fuß über den innern Burgraum und senkt sich allmählig nach dem Innern hin, so daß die ganze innere Fläche nur schwach muldenförmig erscheint. Der ganze Ringwall und die äußern Abhänge sind mit Bäumen und Gesträuch, namentlich mit Weißdorn, bewachsen. Nach der Ansicht der Bewohner soll sich die innere Fläche nach und nach vertiefen, weil die Sage geht, daß im Innern des Berges Höhlungen seien. Die allmählige Veränderung der Oberfläche wird sich jedoch wohl dem Ackerbau zuschreiben lassen, welcher schon die Ringwälle der meisten Burgwälle im Lande geebnet hat.

Dieser Burgwall gehört nun nicht allein nach seiner Lage und nach seinem Bau in die letzte Wendenzeit, sondern auch nach den dort gefundenen Alterthümern. Ich konnte im J. 1842 keine finden, da die Burgfläche mit Getraide bestellt war; aber der Literat Fromm hat im Jahre 1865 nicht nur Thierknochen und Kohlen, sondern auch Gefäßscherben gefunden, welche noch nach heidnischer Weise bereitet sind und dieselben Verzierungen tragen, welche die

---
1) Vgl. Lisch in Jahrbüchern VIII, S. 133.
2) Vgl. Fromm im Archiv für Landeskunde, 1865, S. 149 flgb.

Scherben auf den gleichzeitig untergegangenen Burgen Mekkenburg, Werle, Jlow und vielen andern kennzeichnen. Die letzten Ereignisse auf der Burg Malchow werden also in die letzte Heidenzeit fallen.

Südlich vor diesem Burgwall, nach dem Lande und dem Kloster hin, haben Fromm und ich [1]), unabhängig von einander, einige nur sehr wenig erhöhete und trockene Plätze erkennen können, welche bei andern Burgen für die Wohnplätze der großen Menge der Bevölkerung gehalten und mit dem häufig vorkommenden Namen Wiek belegt werden, z. B. vor Rostock und Werle. Wenn die Burgen auf den hohen Burgwällen zerstört waren, blieben doch oft die Wieken noch lange Zeit bewohnt, wie z. B. noch heute vor Rostock.

Diese Vorburg des Burgwalles Malchow hat ohne Zweifel auch wohl den Namen Wiek geführt. Als der Fürst Nicolaus von Werle am 30. Junii 1287[2]) zu Malchow der Stadt Malchow das Eigenthum eines angekauften Gewässers verlieh, war unter den letzten Zeugen auch ein Marquard von der Wik ("Marquardus de Wic"); die letzten Zeugen dieser Urkunde sind aber ohne Zweifel Bürger oder Rathmänner der Stadt Malchow, da sich unter denselben auch Nicolaus Becker ("Nicolaus Pistor") befindet, welcher im Anfange des 14. Jahrhunderts in den Klosterurkunden wiederholt genannt wird, und am Ende noch Johann Herders ("Johannes Herderi") vorkommt, nach dessen muthmaßlichem Vater Herder ("Herderus") 1284 (vgl. Meklb. Urk. B. III, Nr. 1758) und 1292 (vgl. Nr. 2162) ohne Zweifel die im 14. Jahrhundert oft genannte „Herdersmühle" beim Kloster Malchow benannt ist. Im Jahre 1292 verkauften die Brüder Herder und Marquard die Tibboldsmühle (jetzt Vormühle) an Marquard von der Wik ("Marquardo de Wic") (vgl. U. B. III, Nr. 2162), welcher auch am 19. Mai 1293 zu Röbel und 23. Febr. 1294 zu Grüssow als Zeuge auftrat ("Marquardus de Wic und de Vico"; vgl. Urk. B. III, Nr. 2226 und 2282). Am 19. Mai 1293 wird Marquard von der Wik grad ezu Bürger in Malchow genannt. Auch lag „nahe bei" und „vor" dem Kloster ein Hof Wiksol, d. h. Wiekteich, welcher in der ersten Hälfte des 14. Jahrhunderts an das Kloster überging und sicher von der Wiek den Namen trug.

---

[1]) Vgl. Lisch in Jahrb. a. a. O.
[2]) Vgl. Meklenb. Urk. B. III, Nr. 1914.

Und dieser Burgwall, der den großen Uebergang zwischen den großen Gewässern schützte, war der Schauplatz großer Begebenheiten zur Zeit des Unterganges des Heidenthums in unserm Vaterlande.

Wahrscheinlich nahm schon der pommersche Apostel Bischof Otto von Bamberg auf seiner zweiten Missionsreise nach Pommern im J. 1128 diesen Weg, als er durch das Land Müritz dahin zog, von hier über Demmin. Mit mehr Sicherheit lassen sich aber die Heerzüge der Sachsen gegen die meklenburgischen Wenden erkennen.

Als am Peter- und Pauls-Tage (Junii 29) 1147 der erste große Kreuzzug 1) gegen die heidnischen Wenden unter der Führung vieler Fürsten und Bischöfe unternommen ward, theilte sich das gewaltige Heer der Christen gegen das kleine Meklenburg in drei große Abtheilungen. Die Magdeburger Annalen 2), die ausführliche Hauptquelle für diese große Begebenheit, berichten, daß der Herzog Heinrich der Löwe von Sachsen von Westen her mit 40,000 Mann, der König von Dänemark von Norden her mit 100,000 Mann, der Markgraf von Brandenburg von Süden her mit 60,000 Mann das Land angegriffen und verwüstet haben. Ohne Zweifel waren es die Brandenburger und andere im Süden wohnende Christen, welche von Süden her über Malchow, das allein als wichtiger Ort genannt wird, einbrachen und diese Feste abbrannten. Die Magdeburger Annalen erzählen: „Es vereinigten sich der Markgraf Conrad, „der Markgraf Adalbert mit vielen Grafen und gerüsteten „Kriegern, 60,000 an der Zahl. — — Diese alle rückten „mit außerordentlicher Ausrüstung und Zufuhr und mit wun„derbarer Hingebung an verschiedenen Stellen in das Heiden„land, und vor ihrem Anblick erzitterte das ganze Land, in „welchem sie auf ihrem Zuge drei Monate lang alles ver„wüsteten; die Städte und Dörfer steckten sie in Brand, auch „verbrannten sie das Heiligthum mit den Götzen„bildern, welches vor der Stadt Malchow war, „mit der Stadt selbst".

„1147. — — — Eodem anno circa festum Petri „— — — magna christianae militiae multitudo „contra paganos versus aquilonem habitantes as„sumpto signo vivificae crucis exiverat, ut eos aut

---

1) Vgl. Wigger in Jahrb. XXVIII, S. 54 flgb.
2) Annales Magdeburgenses in Pertz Mon. Germ. hist. Script. XVI, p. 188.

„christianae religioni subderet, aut deo auxiliante
„omnino deleret. Ubi in una societate convene-
„rant — —, Conradus marchio, Adalbertus mar-
„chio, — — cum multis comitibus et armatis bella-
„toribus sexaginta milibus. Interim in alia societate
„se in unum collegerant — — — Heinricus dux
„Saxoniae — — cum multis comitibus et nobili-
„bus et ceteris armatis numero quadraginta mili-
„bus pugnatorum. Rex eciam Daciae cum epi-
„scopis terrae illius et cum universo robore gentis
„suae, maxima multitudine classium collecta, cir-
„citer centum milibus exercitum paraverat. —
„— — Hi equidem omnes cum maximo appa-
„ratu et commeatu et mirabili devotione in di-
„versis partibus terram paganorum ingressi sunt,
„et tota terra a facie eorum contremuit et fere
„per tres menses peragrando omnia vastave-
„runt, civitates et oppida igni succende-
„runt, fanum etiam cum idolis, quod erat
„ante civitatem Malchon¹), cum ipsa civi-
„tate concremaverunt".

Für Malchow ist diese Nachricht auch dadurch äußerst wichtig, daß sie die seltene Kunde von einem Tempel bei der Burg giebt.

Das Wendenvolk war zwar gebeugt²), jedoch nicht vernichtet; die leichten Gebäude auf den Burgen konnten zwar abgebrannt, die Burgwälle aber nicht so leicht abgetragen werden. Malchow behielt noch seine Wichtigkeit und ward wieder aufgebauet. Als in einem neuen Kriege Heinrich's des Löwen im J. 1160 der letzte Hort der Wenden, König Niclot, gefallen war, setzte der Herzog auf die wichtigsten Burgen des Landes sächsische Vögte: auf „Cuscin" (d. i. Quetzin) bei Plau den Ludolf Vogt von Braunschweig, auf Malchow den Ludolf von Peine, auf Schwerin und

---

1) Vgl. Annales Magdeburgenses a. a. O. Die Handschrift hat Malchon, was ohne Zweifel durch Malchou, wie in alter Zeit der Ort auch oft geschrieben wird, zu erklären ist. Pertz ändert „Malchon" ganz willkührlich in „Malchim" (Malchin), wozu weder äußere Veranlassung, noch ein innerer Grund vorhanden ist.

2) Beim Durchstich der Chaussee nach Röbel bei den ersten Klostergebäuden wurden außerordentlich viele Menschenknochen gefunden, welche vielleicht aus den letzten Kriegen gegen die Wenden stammen. Mittheilung des Herrn Küchenmeisters Engel zu Malchow.

Alow den Gunzelin von Hagen. Der Chronikenschreiber Helmold¹) sagt:

„1160. Dux Henricus collocauit in castro Cuscin „Ludolfum quendam advocatum de Brunswich, „apud Melicou²) fecit esse Ludolfum de „Peine, Zuerin et Ilinburg Guncelino commen„davit".

Troß der ununterbrochenen Unruhen behielt Herzog Heinrich jedoch die Festen bis in das Jahr 1164, und unter diesen auch Malchow³).

„1163. Fuit pax in Slavia a Martio mense usque „in calendas Februarii sequentis anni et omnia „castra ducis erant illaesa, videlicet Malachou, „Cuscin, Zuerin, Ilowe, Mikilinburg".

Doch war der Friede nicht dauernd. Niclot's Sohn Pribislav hatte sich mit einem kleinen Theil seiner Erblande begnügen, sein Bruder Wartislav sich 1163 zur Sicherung des Friedens in Braunschweigische Gefangenschaft begeben müssen. In dieser drückenden Lage brach Pribislav, vorzüglich durch seinen Bruder Wartislav angestachelt, im J. 1164 wieder los und erhob die Fahne der Empörung gegen Heinrich den Löwen, um das verhaßte Joch abzuschütteln. Pribislav schien Anfangs auch Glück zu haben. Er nahm die Burg Meklenburg wieder ein und gewann die Burgen Malchow⁴) und Quetzin durch Ergebung und Abzug der Besatzung:

„1164. Post non multum vero tempus Pribizlavus „collecta rursum Slavorum manu venit Malacowe „et Cuscin. — — — Tunc milites custodes prae„sidii, videntes non esse locum pugnae, eo quod „hostes multi, auxiliarii vero essent pauci, im„petraverunt conductum extra terminos et Pri„bizlavus recepit castrum".

Als Heinrich der Löwe seine Macht gefährdet sah, rüstete er eilig wieder ein Heer, verstärkte sich nach Kräften,

---

1) Vgl. Helmold Chronica Slavorum ed. Bangert, I, 87, §. 9, p. 202. — Vgl. Wigger a. a O. S. 119.
2) Hier fand auch Bangert „Melicon" gedruckt, das er in „Melicou" verbesserte und durch „Malkow" erläuterte, in Vergleichung mit I, 92, §. 10.
3) Vgl. Helmold a. a. O. I, 92, §. 10, p. 211. — Vgl. Wigger a. a. O. S. 126.
4) Vgl. Helmold II, §. 3, p. 219. — Vgl. Wigger a a. O. S. 143, 146, 148.

namentlich durch den Grafen Adolf von Holstein, sicherte erst die Burg Schwerin und zog dann gegen Malchow, wo er sich mit dem Grafen Adolf vereinigte. Hier ließ er sich aus Rache hinreißen, daß er den gefangenen Fürsten Wartislav, den Bruder Pribislavs, bei der Stadt Malchow aufhängen ließ¹).

„1164. Et occurrit Adolfus comes duci cum omni „Nordalbingorum populo juxta Malacowe. Dux „vero ubi transiit Albiam et attigit terminos Sla„vorum fecit Wertizlavum principem Slavorum „suspendio interfici prope urbem Mala„cowe".

Heinrich wird die Burg Malchow gewonnen haben, wenn es auch nicht ausdrücklich gesagt wird, denn Helmold berichtet, daß er mit seiner Begleitung dort verweilt habe²). Da sich aber die Macht der Wenden auf der Burg Demmin versammelt hatte, so sandte er gleich den Grafen Adolf mit den übrigen Edlen voraus und rückte selbst mit dem Rest des Heeres nach einigen Tagen nach. Bei Verchen bei Demmin kam es am 5. oder 6. Julii 1164 zur blutigen Schlacht, in welcher nach heißem Kampfe die Wenden besiegt wurden. Durch diese Schlacht war die Kraft der Wenden im Wesentlichen gebrochen, wenn auch noch kleine Gefechte stattfanden, und die Friedensbestrebungen fingen an mehr Platz zu gewinnen.

„1164. Tunc abiit Adolfus comes cum ceteris „nobilibus, qui secum deputati fuerant iuxta im„perium ducis, et venerunt in locum, qui dicitur „Viruchne. — — — Porro dux et ceteri prin„cipes morati sunt in loco, qui dicitur Ma„lacowe, secuturus post aliquot dies cum reliquo „exercitu. Universus vero Slavorum exercitus „consederat in urbe Dimin".

Hiemit verschwindet die wichtige Burg Malchow, welche so oft Schauplatz bedeutender Begebenheiten gewesen war, aus der Geschichte. Wenn sie auch in den nächsten Zeiten, nach Herstellung des Friedens, noch von fürstlichen Burgmännern bewohnt gewesen sein mag, so fanden doch die geräumigern Ortschaften nach sächsischer Verfassung mehr Beifall. Und so ward auch der Burgwall von Malchow

---

1) Vgl. Helmold II, 4, §. 2—4, p. 220. — Vgl. Wigger a. a. O. S. 148 flgb.
2) Vgl. Helmold a. a. O. — Vgl. Wigger a. a. O. S. 149.

oder Laschendorf gewiß bald verlassen und blieb als geschichtliches Denkmal wüst liegen bis auf die neuesten Zeiten. Am nördlichen Ufer des Wassers, dem Burgwall gegenüber, soll auch eine Erhöhung liegen, welche von Einigen die „Trossenburg" oder Trotzenburg genannt wird; jedoch heißt die natürliche Erhebung der „Trostberg"¹).

Der Burgwall von Laschendorf hat jetzt verschiedene Namen. Im Munde des Landvolks der Umgegend wird er „Borgwall" genannt. Die Bewohner der Stadt Malchow nennen ihn gewöhnlich „Wiwerbarg", d. h. Weiberberg, und leiten diesen Namen von einer Sage²) her, welche noch auf heidnischen Ursprung deutet. „In diesem Berge „sollen die „Mönken" oder Unterirdischen wohnen, die „als kleine häßliche Weiber gedacht werden, welche oft „Nachts nach der Stadt Malchow gekommen sein und hier „in den Häusern gebrauet und gebacken, auch getanzt und „sich vergnügt haben sollen". Außerdem werden jetzt noch zwei andere Namen des Burgwalls gehört: Pritzburg, weil hier ein Pritzbur mit dem Fürsten Wartislav 1164 zugleich erhängt sein soll, und Werleburg, weil die Burg den Fürsten von Werle gehört habe. Von diesen beiden Namen wird weiter unten in dem Abschnitt über die Burgmänner von Malchow die Rede sein.

3.

Der Götzentempel zu Malchow.

Die heidnische Burg Malchow hat schon durch ihren kriegerischen Einfluß eine bedeutende Wichtigkeit in der wendischen Geschichte. Diese wird aber noch um vieles dadurch erhöhet, daß bei derselben ein großes, bisher unbekanntes heidnisches Heiligthum war. Die oben S. 8 erwähnten Magdeburger Annalen berichten nämlich, daß der gegen die heidnischen Wenden gerichtete christliche Kreuzzug im J. 1147 die Stadt Malchow und das Heiligthum mit den Götzenbildern, welches vor der Stadt lag, verbrannt habe:

„fanum etiam cum idolis, quod erat ante ci-
„vitatem Malcho[u], cum ipsa civitate concrema-
„verunt".

---

1) Nach der Mittheilung des Herrn Burgemeisters Rettberg.
2) Nach Fromm im Archiv für Landeskunde a. a. O.

Wenn diese Nachricht auch sehr dankenswerth ist, indem sie doch von dem Dasein eines Heiligthums Kunde giebt, so ist es doch zu. beklagen, daß sie so kurz ist. Es ist die Frage, wie man sich das Heiligthum zu denken habe. Der lateinische Ausdruck „fanum" deutet auf einen Hain; die Nachricht von dem Vorhandensein von Götterbildern („idolis") deutet auf einen Tempel. Da nun die wendischen Völker ihre Götter theils in Hainen, theils in Tempeln unter Bildern verehrten[1]), so liegt es nach den Worten der Annalen nahe, anzunehmen, daß unter dem Heiligthum bei Malchow ein Hain mit einem Tempel mit Götterbildern zu verstehen sei.

Die Lage dieses heiligen Hains dürfte sich auch annähernd bestimmen lassen. Die Annalen sagen ausdrücklich, daß der Hain „vor" der Stadt oder Burg gelegen habe („fanum ante civitatem"). Damit wird widerlegt, daß das Heiligthum auf dem Burgwall gewesen sei, wie man wohl hat annehmen wollen. Die wendischen Burgwälle, welche zu Festungen dienten, sind für Haine und Tempel und volkreichen Besuch viel zu klein. Wenn man annimmt, daß auf dem Burgwall weite Gebäude stehen mußten, um den Burgherrn und die Besatzung aufzunehmen, wie noch die Fundamente z. B. auf der Burg im Teterower See beweisen, so blieb sehr wenig Platz zur freien Bewegung übrig, so daß man zu dem Auskunftsmittel Zuflucht nehmen mußte, die innern Seiten des Ringwalles auszugraben und mit Holz auszusetzen, wie z. B. auf dem Burgwall bei Conow, um Lagerstätten (Kasematten) und Stallungen zu schaffen. Dies und die unentbehrlichen Keller unter der Fläche des Burghofes wird auch die Anpflanzung von Hainen auf den Burgwällen verhindert haben. Die Geschichte des Burgwalls giebt auch zu verstehen, daß derselbe eine Festung und kein Tempelort war. Wir werden daher das Heiligthum vor der Burg und der Vorburg suchen müssen, wie auch die Annalen ausdrücklich berichten. Zieht man die natürliche Lage in Betracht, so ist es nicht wahrscheinlich, daß der Hain auf der schlecht begrenzten, ebenen Ackerfläche gestanden habe, welche sich über dem Ufer ausbreitet; vielmehr darf man das ehemalige heidnische Heiligthum wohl auf dem schön terrassirten und bepflanzten Uferabhange am Wasser suchen, wo jetzt das Kloster steht, und den Mittelpunct da, wo bei der Christianisirung die erste Kirche gebauet ward,

---

1) Vgl. Jahrbücher XXVIII, S. 11 flgb.

auf deren Stelle die Kirche noch jetzt steht. Die beiden Ufer waren in alter Zeit sicher viel mehr bewaldet, als jetzt; auch das nördliche Ufer hatte noch Wald, als die Stadt schon stand, denn im J. 1292 gab der Fürst Nicolaus von Werle eine Urkunde „in dem Hain vor der Stadt" („in nemore ante civitatem Malchowe"); vgl. Meklb. Urk. B. III, Nr. 2162.

Man könnte auch annehmen, der heilige Hain habe am nördlichen Ufer auf der Insel gelegen, auf welcher jetzt die Stadt steht, denn die Lage stimmt wohl mit der Lage anderer Heidentempel überein. Aber dann wäre der Tempel von der Burg durch ein breites Wasser getrennt gewesen, und es ist wohl anzunehmen, daß das Heiligthum unter dem unmittelbaren Schutze der Burg gestanden habe.

Welche Gottheit im heiligen Haine zu Malchow verehrt worden sei, wird uns leider nicht berichtet; es wird gesagt, daß dort mehrere „Götterbilder" („idola") vorhanden waren. Es mag aber unter andern auch der weit verbreitete Dienst der Göttin Siwa, der Göttin der Landesfruchtbarkeit (= Ceres), hier gefeiert worden sein, da hierauf die Malchowsche Sage zu deuten scheint, daß in dem Burgwall alte häßliche „Weiber" wohnen, welche nach der Stadt kommen, um dort zu backen und brauen und sich zu vergnügen, daher der Burgwall „Weiberberg" genannt wird (vgl. oben S. 12). Man könnte aber auch durch diese Sage auf den Gedanken gebracht werden, daß der Tempel auch auf der Stadtinsel gelegen haben könne, weil die Weiber dahin, als nach ihrem ehemaligen Wohnort kommen, um dort zu wirthschaften.

Zu dem Tempel vor der Burg scheint auch der wendische Name Malchow zu stimmen. Die Slavisten, welche zu Rathe gezogen sind, pflegen die Namensform von der „Wurzel mal, welche ursprünglich: klein, bedeutet", abzuleiten. Aber es giebt noch eine andere Wurzel, welche sich namentlich im Russischen verfolgen läßt, nämlich: moltz, welche „Anbeter" heißt; so heißt: bogo-molec = „Götzenanbeter" und: molicany = „Betort, Tempel". Es würde also Malchow auch: „Tempelort" heißen können[1]) und diese Deutung die oben mitgetheilte Bezeichnung mit Heiligthum („fanum") erklären.

---

1) Vgl. Ueber diese Erklärung Lisch Maltzan. Urk. III, S. XVI. Auch am Fuße des hohen Burgwalls Sagel (Sawal) liegt der Ort Molzow.

4.
Das Land Malchow
und
der fürstliche Besitz bei Malchow.

Es ist mehr als wahrscheinlich, daß eine so hervorragende Burg, wie Malchow, auch der Mittelpunct eines Gaues, eines sogenannten „Landes" (terra), und der Sitz einer militairischen und ökonomischen Verwaltung der Fürsten war. Und wirklich wird das „Land Malchow" öfter genannt. Als der Kaiser Friedrich im Januar 1170, wenige Jahre nach den letzten Wendenkriegen, die großartigen Arbeiten des meklenburgischen Bischofs Berno belohnte und seinem Bisthum Schwerin den Sprengel bestätigte, bestimmte er auch, daß dazu gehören sollten: Parchim, Cuthin (= Quetzin) und Malchow mit allen Dörfern auf beiden Seiten des Flusses Elde, welche zu diesen Burgen gehörten („Parchim quoque, Cuthin et Malechowe, cum „omnibus villis ex utraque parte aluei, que dicitur „Elde, ad ipsa castra pertinentibus"[1]). Das Land Malchow wird in alten Zeiten oft genannt. Nach vielen Zeugenkundschaften und Untersuchungen aus dem 16. Jahrhundert wurden zum Lande Malchow folgende Pfarren mit ihren eingepfarrten Dörfern und Kapellen gerechnet: südlich vom Malchowschen See: Alt-Malchow (Kloster), Satow, Grüssow, Poppentin, Lexow; nördlich vom See: Neu-Malchow (Stadt), Alt-Schwerin (jedoch sollte Schwerin selbst noch zum Amte Plau gehören), Nossentin, Kieth, Wangelin, Lütgendorf, Jabel. Als südliche Grenze wird übereinstimmend angegeben das Dorf Darze, und namentlich ein Bach, der von dort durch Stur in den Plauer See fließt, und wo ein großer Graben und eine Landwehr gegen die Mark (mit einem Schlagbaum) befindlich ist. Gegen Norden bildete die Pfarre Wangelin die Grenze. Bei der Ordnung der Grenzen der Bisthümer Camin und Schwerin wird am 6. März 1260 gesagt, daß Mertinsdorp (bei Rittermanshagen) zum Lande Malchow („ad terram Malichowe") gehöre[1]). Als die Fürsten von Werle im J. 1285 ihren Lehnmännern in den Ländern („in terminis") Röbel, Malchow und Wenden für die Uebernahme des dritten Theils ihrer Schulden deren Rechte

---

1) Vgl. Meklb. Urk. B. I, Nr. 91.
2) Vgl. Meklb. Urk. B. II, Nr. 857.

bestätigten und erweiterten, verlegten sie auch zur Verhütung von Streitigkeiten ihre Gerichte oder das Landding der Länder („terminorum") Röbel, Malchow und Wenden (Wredenhagen) in die Dörfer Priborn, Alt-Malchow und Zepkow¹). Jedoch ist von dem Sitze einer fürstlichen Verwaltung zu Malchow in den ältesten Zeiten nicht weiter die Rede. In der zweiten Hälfte des 13. Jahrhunderts gewann die Stadt Röbel ein bedeutendes Uebergewicht über Malchow, namentlich durch die Stiftung zweier Klöster und durch die Residenz der hervorragenden Fürstin-Mutter Sophie, geb. Gräfin von Lindau, Wittwe des Fürsten Johann I. (1283 bis 1308), Stammhalterin des Werleschen Fürstenhauses. Auch Waren gewann zuerst größern kirchlichen Einfluß als Malchow. Seit dem 14. und 15. Jahrh. errangen die nahe Stadt Plau und die Lenzburg ein bedeutendes Uebergewicht über die Umgebungen. Am 6. Julii 1346 überwies der Fürst Johann III. von Werle-Goldberg seiner Schwiegertochter Agnes, Gemahlin seines Sohnes Nicolaus, Stadt und Land Malchow („oppidum Malchowe et terram adjacentem cum hominibus habitantibus in illis") zum Leibgedinge, wie es seine verstorbene Gemahlin inne gehabt hatte. Nicolaus von Werle starb im J. 1354 und seine Wittwe verheirathete sich wieder mit dem Herzoge Johann I. von Meklenburg-Stargard. Um diese Zeit muß ein Abkommen wegen des ihr verschriebenen Leibgedinges getroffen sein.

Es wird sich aber Malchow nie zum Sitze einer Vogtei ausgebildet haben; denn bei der Landestheilung der Fürsten von Werle-Güstrow vom 14. Julii 1347 werden die Länder „Röbel, Wredenhagen, Waren und Penzlin" zusammen genannt, Malchow aber als ein eigenes Land dabei nicht aufgeführt (vgl. Lisch Maltzan. Urk. III, Nr. 236).

Wahrscheinlich im J. 1354, nach den pommerschen Kriegen, verpfändeten die Fürsten von Werle die Stadt und das Land Malchow an die v. Flotow auf Stur, denn am 9. März 1354 versicherte Andreas v. Flotow den Bewohnern des Landes und der Stadt Malchow die Rechte, welche sie unter den Werleschen Fürsten gehabt hatten. Am 6. Jan. 1366 nahmen die v. Flotow auch das Land Röbel zum Pfande, welches ihnen jedoch im J. 1376 wieder abgelöset ward²). Das Land Malchow blieb jedoch in ihrem Besitze. Am 15. Junii 1415 erneuerte der Fürst Christoph

---

1) Vgl. Meklb. Urk. B. II, Nr. 1781.
2) Vgl. Jahrb. XIII., S. 191 und 329.

von Werle den v. Flotow den Pfandbesitz der Stadt und des Landes Malchow 1). Die v. Flotow blieben lange in dem Pfandbesitze des Landes Malchow, dessen Folgen noch heute nicht ganz erloschen sind. Erst im J. 1837 ging die Flotowsche Gerichtsbarkeit in der Stadt durch Vertrag ganz an die Landesherrschaft über und erst im J. 1838 entsagten die v. Flotow mehrern alten Verpflichtungen der Stadt gegen die Familie.

Alle diese Verhältnisse waren aber die Veranlassung, daß die Stadt Malchow nicht ein Sitz einer Vogtei oder eines „Amtes" ward, obgleich eine hervorragende Fürstenburg in ihrer nächsten Nähe gestanden hatte. Jedoch ward sie durch ein Kloster entschädigt, welches sich im Laufe der Zeit zu einer achtungswerthen Höhe emporgearbeitet hat und noch heute blühet.

Die Gegend umher zu beiden Seiten des Wassers wird in ältester Zeit ohne Zweifel Eigenthum der Landesherren gewesen sein, welches von der Burg verwaltet ward, da es sich nachweisen läßt, daß sie es nach und nach zur bessern Benutzung weggaben. Statt des wendischen Ortes ward in der Nähe der Burg ein deutsches Dorf Malchow mit einer Kirche gegründet, da wo jetzt das Kloster steht, welches im J. 1298 zur Stiftung des Klosters hergegeben ward. Schon am 13. Octbr. 1299 schenkten die Fürsten von Werle dem erst vor kurzem nach Malchow verlegten Nonnenkloster 13 Hufen mit dem halben Zehnten in dem Dorfe Lebbin 2), welches an Laschendorf und Göhren grenzt, also in der Nähe des Burgwalls liegt; dies ist der erste größere Besitz, den das Kloster nach der Verlegung erhielt. Den Grund und Boden zu der deutschen Stadt gaben die Fürsten 1235 sicher als Geschenk her. Im J. 1232 hatten sie die beiden Dörfer am untern Laufe des Malchowschen Wassers bis an den Plauer See dem Bisthum Schwerin geschenkt, obgleich der Sitz des Bisthums sehr ferne und dieser Besitz ganz getrennt von den übrigen Besitzungen des Bisthums lag. Noch 1309 und 1310 hatte der Fürst Günther von Werle Besitzungen in Kisserow und Lexow und 1350 der Fürst Nicolaus Besitzungen in Kisserow zu verschenken. Den größten Theil ihrer Besitzungen bei Malchow gaben aber die Fürsten, wahrscheinlich schon sehr früh, zu Lehn an verdiente

---

1) Vgl. Lisch Urk. des Geschl. Maltzan II, S. 504.
2) Vgl. Meklb. Urk. B. IV, Nr. 2576.

Ritter, welche hier angesehene Familien mit Familiengütern gründeten.

So behielten die Werleschen Fürsten persönlich am Ende nichts in einer Gegend, wo sie früher großen Einfluß und Grundbesitz gehabt hatten.

Der alte Burgwall ward entweder schon bei den ersten Verleihungen oder später 1298 bei der Gründung des Klosters zu dem Hofe Laschendorf gelegt.

5.
Die Burg- und Lehnleute von Malchow.

Von der größten Bedeutung für die Geschichte von Malchow ist die Geschichte der Lehnleute des Gaues, von denen einige eine hervorragende Wichtigkeit haben.

B. Latomus († 1617) in seinem handschriftlichen Werke vom Meklenburgischen Adel sagt bei der Familie Pritzbur Folgendes. „Die Pritzburen sind zur Zeit des Kriegs dem „König der Obotriten Pribislao wider den Herzog Heinrich „aus Bayern vnd Sachsen trew vnd beystendig gewesen, „worüber einer dieses Namens und Geschlechts nebst des „Königs Bruder Wertislao gefangen vnd für einen Geisel „gen Braunßweich geführet vnd hernach nach gebrochenem „Friedensvertrag, zusampt dem Herzog vnd einem Gammen, „für Malchow erhenkt ist. Es giebt auch ihr Wapen „anzeigung, daß sie nicht von den geringsten, sondern von „den vornemsten Geschlechtern mit seind gewesen".

Es geht seit langer Zeit die Sage, daß mit dem Fürsten Wartislav zugleich ein Pritzbur und ein Gamm durch Heinrich den Löwen 1164 vor der Burg Malchow aufgehängt worden seien. Eine ältere schriftliche Quelle für diese Erzählung des Latomus ist aber nirgends zu finden, und es ist mehr als wahrscheinlich, daß Latomus diese Sage nach dem Verlauf der Geschichte dieser Familien selbst gemacht, oder doch wenigstens nach Familiensagen in Umlauf gebracht hat. Eine geschichtliche Quelle ist, wie gesagt, nicht zu finden.

Eben so unbegründet ist das Verfahren, welches den Burgwall von Malchow mit den Namen Pritzburg oder Werleburg belegt. Der Name Pritzburg ist sicher jung und eben aus der obigen Sage von dem Aufhängen entstanden.

Es läßt sich aber wohl eine andere, begründetere Veranlassung denken, durch welche diese Sagen entstanden sind, und wenn sich diese Veranlassungen glaublich machen lassen, so wird man auch das Alter der Sagen weiter zurückführen können, als es nach den bisherigen Darstellungen geschehen durfte.

Es läßt sich nämlich beweisen, daß gewisse alte Adels=familien, unter diesen namentlich die Prißbur und die Gamm, ihre ältesten Besitzungen und Hauptstammsitze im Lande Malchow, und zwar unmittelbar neben dem Burgwall, hatten, und es ist sehr wahrscheinlich, daß diese alten Besitzungen Burglehne zu der alten Burg Malchow waren, und in Folge dessen nicht unwahrscheinlich, daß diese Familien Theilnehmer an den großen Ereignissen auf der Burg Malchow schon zur Heidenzeit waren, um so mehr, da die Familien Gamm („Gamba") und Prißbur wendische Namen führen, welche sich als solche noch lange nach der Christianisirung durch besondere Eigenthümlichkeiten, z. B. in den Vornamen, geltend machen. Es ist auch bekannt, daß die Burglehne lange fortdauerten, wenn auch die Burgen selbst längst untergegangen waren.

Ein Beispiel eines Malchowschen Burgmanns mag der edle Wende Slawotech oder Zlautech abgeben, welcher ohne Zunamen 1218—1233 im Gefolge der Landesfürsten vor=kommt[1]) und ein Mal, am 3. Dec. 1227: „Slawotek von Malegowe" genannt wird[2]). Am 10. März 1233 steht er unter den wendischen „Edlen" („nobiles"): „Gotimerus et Johannes frater suus, Zlautech, Jacobus, nobiles"[3]). Es ist wahrscheinlich, daß die Bezeichnung „von Malchow" nur seinen Wohnort anzeigt.

Es läßt sich nicht mehr ermitteln, ob Slawotech Nach=kommen hinterlassen habe. Jedoch wird es eine adelige Familie von Malchow gegeben haben, welche wohl ge=wiß von dem Burgwall von Malchow den Namen trug. Am 28. Junii 1275 war Zeuge bei den Fürsten von Werle ein Ritter Walter von Malchow („milites: dominus Walterus de Malechowe": Urk. B. II, Nr. 1368); am 21. Jan. 1282 hatte er („Wolterus dictus de Malechowe miles") das Dorf Diemitz an das Kloster Dobbertin verkauft (vgl. Urk. B. III, Nr. 1610). Vielleicht war sein Sohn der Knappe Reimar v. Malchow („Reinmerus de Malchowe famulus"), welcher im J. 1292 bei dem Fürsten Nicolaus vor Malchow war (vgl. Urk. B. III, Nr. 2162). Mit diesem

---

1) Vgl. Meklenb. Urk. B. I, Nr. 244, 258, 260.
2) Vgl. daselbst, Nr. 344.
3) Vgl. daselbst, Nr. 414 und 415.

ist die Familie wahrscheinlich erloschen, da fernerhin von keiner adeligen Familie v. Malchow mehr die Rede ist.

Bürgerliche Familien von Malchow gab es in alter Zeit in Rostock (vgl. Urk. B. III, Nr. 1622 und 2441) und im Rath zu Plau (vgl. Urk. B. III, Nr. 2199), wie denn noch heute der Bürgername Malchow im Lande nicht selten ist.

Nach der Sage hat der Burgwall von Malchow auch den Namen „Werleburg", weil die Burg, wie man sagt, „den Fürsten von Werle" gehört habe. Wenn aber dieser Grund gelten sollte, so müßten allerdings viele Burgwälle den Namen Werleburg führen. Viel wahrscheinlicher ist, daß die Burg von einem Burgmann Namens v. Werle den vielleicht seit alter Zeit überlieferten Namen trug und der Burgwall vielleicht von diesem zuletzt bewohnt ward. Eine ritterliche Familie von Werle, welche ohne Zweifel ihren Namen von dem fürstlichen Burgwall Werle bei Schwaan führte, ist bis jetzt nur ein einziges Mal genannt in der Person des Ritters Jordan von Werle im Gefolge des Fürsten Borwin II. von Rostock am 1. Aug. 1219[1]). Ohne Zunamen kommt der Ritter Jordan, zuweilen auch als Burgmann zu Güstrow, in der Zeit 1218—1244 oft vor. Ohne Zweifel ist dieser Jordan derselbe, welcher auch am 29. April 1235 Ritter Jordan von Saben[2]) genannt wird; denn das Dorf Sabel (in alter Form Sabene oder Saben) bei Schwaan, nicht weit von Werle, mag immer ein Burglehn von Werle gewesen sein. Bis jetzt ist aber von einer Familie v. Werle weiter keine Spur zu finden gewesen. Sie tritt aber im Anfange des 14. Jahrhunderts in den bisher unbekannt gewesenen Urkunden des Klosters Malchow bei der Burg Malchow wieder auf, und es ist wahrscheinlich, daß die Nachkommen Jordans sich als Burgmänner nach Malchow gewandt haben[3]). Im Anfange des 14. Jahrhunderts taucht plötzlich in und bei Malchow ein Knappe Jacob oder Cöpeke von Werle wieder auf, mit dem jedoch das Geschlecht ausgestorben sein wird, da nie wieder ein v. Werle vorkommt. Vielleicht war er ein Nachkomme jenes wendischen Edlen Jacob (vgl. oben S. 19), welcher im J. 1233 neben dem obengenannten Slawotech von Malchow

---

1) Vgl. Meklenb. Urk. B. I, Nr. 258, und Jahrb. VI, S. 96.
2) Vgl. daselbst, Nr. 435.
3) Hiernach ist die Ansicht in Jahrb. VI, S. 96, zu berichtigen, nach welcher die letzten v. Werle von dem Gute Werle bei Grabow den Namen haben sollen. Hiezu ist in so alter Zeit gar keine Veranlassung.

auftritt¹). Nach den Urkunden des Klosters Malchow ward der Knappe Cöpekin von Werle von dem Fürsten Johann von Werle am 18. Jan. 1318 zu Malchow mit dem Dorfe Loppin, nördlich bei Malchow, belehnt. Der „Knappe" Jacob oder Köpeke v. Werle („Jacobus" und „Copeke de Werle, famulus") erscheint immer nur in oder bei Malchow als Zeuge, z. B. 25. April 1320 und 29. Aug. 1330 bei den Fürsten von Werle und 2. Jan. 1333 bei den Pritzbur. Er starb wahrscheinlich im J. 1347 und mit ihm ging das Geschlecht zu Ende und seine Besitzungen gingen an das Kloster Malchow über. Am 25. Jan. 1348 verkaufte durch nachträglichen Contract Henning Gamm dem Kloster Malchow das Dorf Loppin („in parrochia ecclesie Jabele"), wie er und sein Vorgänger und Schwager Cöpekin v. Werle, seligen Andenkens, („Copekinus de Werle, antecessor meusque swagerus, bone memorie"), es bis dahin besessen, und am 19. Dec. 1347 verlieh der Fürst Nicolaus von Werle dem Kloster Malchow das Eigenthum der Güter in dem Dorfe Loppin, welche Johann Gamm und Jacob v. Werle bis dahin inne gehabt hatten.

Es ist sehr wahrscheinlich, daß seit dieser Zeit der Malchowsche Burgwall von dieser Familie v. Werle den Namen „Werleburg" geführt hat.

Noch näher standen der Burg Malchow die Gamm, welche nicht allein nach dem Zunamen, sondern auch nach den noch im 14. Jahrhundert in der Familie vorkommenden Vornamen, z. B. Gotemar, Subbekin, Barold, Tesmar und Slaweke (weiblicher Vorname), wendischer Herkunft waren. Die Gamm waren in und seit alter Zeit vorzüglich in und bei dem Lande Malchow ansässig. Bekannt ist, daß zu ihren alten Lehnen die Güter (Alt=) Schwerin und Werder („Insula"), im Plauer See, gehörten. Am 16. März 1320 wurden die Brüder Gotemar und Heinrich Gamm mit den noch im Lande Malchow liegenden Dörfern Lipen und Wangelin belehnt, welche sie von der adeligen Familie Grube gekauft hatten und welche daher Gruben=Lipen und Gruben=Wangelin genannt wurden. Die Gamm aber verkauften 1336 Wangelin und 1341 Lipen wieder an das Kloster Malchow, und damit beginnt der Erwerb eines größern Grundbesitzes durch das Kloster.

Von größerer Bedeutung für die Geschichte von Malchow ist, daß die Gamm in alter Zeit die dem Malchow=

---

1) Vgl. Meklenb. Urk. B. I, Nr. 414.

schen Burgwall zunächst liegenden Güter besaßen, nämlich
Laschendorf (mit dem Burgwall) und Göhren. Das
Hauptlehn der Gamm in dieser Gegend scheint Göhren
gewesen zu sein, da sie sich oft darnach nennen. Das an-
grenzende Gut Laschendorf ging im 14. Jahrh. auf das
Kloster Malchow über. Am 11. Febr. („des andern son-
dages vor der vasten") 1352 verkaufte „Henning Gamm zu
Göhren" dem Knappen Conrad Friberg das Gut zu Laschendorf („Lasendorpe") mit 13 Hufen Saat, wie er es
besaß und von seinem Vater geerbt hatte. Am 17. Mai
1352 befreiet der Fürst Nicolaus von Werle den Knappen
Conrad Friberg von dem halben Roßdienst von Laschendorf und bestimmt, daß die Gamm auf Göhren denselben
auch fernerhin leisten sollen, ein ziemlich sicheres Zeichen,
daß die Güter Göhren und Laschendorf uralte, zusammen
gehörende Lehen bei der Burg Malchow waren. Nachdem
Conrad Friberg gestorben war, verkaufte dessen Sohn Johann, mit Zustimmung seiner Schwester Hillegunde, Wittwe
des Otto v. Retzow, am 23. Junii 1374 dem Kloster
Malchow den Hof und das Dorf Laschendorf („curiam et villam totam Lazekendorp"). Am 15. März 1376
verlieh der Fürst Johann von Werle dem Kloster das Gut
zu voller Freiheit, wie Klöster Güterfreiheit zu haben pflegen,
nachdem schon am 29. Septbr. der Pfandträger des Landes
Malchow Thideke v. Flotow dem Kloster dieselbe Freiheit
versichert hatte. Also kam das Kloster erst spät in den Besitz
des Gutes Laschendorf mit dem Burgwall Malchow,
nachdem es bis dahin immer in Vasallenhänden gewesen war.

Unmittelbar neben den Gamm im Lande Malchow saßen
die Pritzbur, welche in alter Zeit allein im Lande
Malchow auftreten. Ihr ältestes Lehn scheint das an das
Gammsche Lehn Göhren grenzende Gut Grabenitz gewesen
zu sein, weshalb 1346 Oct. 21 „Pritzbur von Grabenitz" auch
auf seinem Siegel die Bezeichnung nach seinem Lehn führte,
nämlich die Umschrift: [✠ S'. PRISCQ] BVR · DE · GRA-
BANISSA . Außerdem besaßen die Pritzbur im 14. Jahrh.
im Lande Malchow südlich von dem Malchowschen Wasser
noch die Güter Poppentin, Kelle, Kargow und wahrscheinlich auch Walow, und nördlich vom Wasser das Gut
Rüz oder Kuz, welches in dem jetzigen Klostergute Dammerow am Cölpin-See bei Jabel gelegen haben und untergegangen sein wird, da in den Malchowschen Urkunden vom
J. 1378 eine Kützekermühle genannt wird, welche damals
in der Feldmark Dammerow lag („in villa Damerow et in

„molendino Kutzekermolen in terris et metis eiusdem „ville situato").

Die Familie **Pritzbur** oder „Priscebur" 1) ist nach dem Namen ohne Zweifel wendischen Ursprunges und bewahrt bis zur Mitte des 14. Jahrhunderts die Eigenthümlichkeit, daß in ihr immer noch einzelne Familienglieder ohne Vornamen, — allein unter dem Namen Pritzbur, — vorkommen. Eben so wenig aber der Name Pritzbur bei der Einnahme der Feste Malchow genannt wird, eben so wenig läßt sich das Geschlecht mit Sicherheit auf den ersten Stammvater zurückführen. Der erste Pritzbur in Meklenburg erscheint am 1. Mai 1262 im Gefolge des Fürsten Nicolaus von Werle (Mekl. U. B. II, Nr. 947) und ist ein Bruder von Johann und Jaroslav, welche alle Burgmänner von Röbel waren und auch „v. Röbel" genannt werden; sie waren Söhne des Ritters Jaroslav, ebenfalls Burgmanns zu Röbel, dessen Bruder Unislav hieß. Alle diese Ritter und deren Nachkommen können wohl dem Geschlechte der v. Havelberg zugeschrieben werden (vgl. Meklb. Urk. B. II, Nr. 1284, und IV, Personen-Register unter dem Namen v. Havelberg). Diese Personen werden nicht zu der späteren Familie Pritzbur gehören. Die v. Havelberg hatten zwei neben einander gestellte, mit den Spitzen nach unten gekehrte Flügel im Schilde. — Ein anderer Pritzbur ist wohl ohne Zweifel der ebenfalls in Röbel bei den Fürsten von Werle vorkommende Ritter Priscebur oder Prizbur ("Priscebur miles"), welcher 5. Junii 1274 Bruder des Zabel v. Retzdorf oder Restorf („Prizbur et frater eius Sabellus de Redicksdorp") genannt wird (vgl. Meklb. Urk. B. II, Nr. 1314 und 1327).

---

1) Die Deutung des wendischen Namens **Pritzbur** ist oft versucht. Der Name kommt auch häufig in alten pommerschen Urkunden vor, wo nach Kosegarten Codex Pomeraniae diplom. (Register) folgende Hauptformen erscheinen: „Priznobor, Priznibor, Prizinbor, Prizabor, Princibor, Priscebur". Nach diesen Formen erklären die Slavisten in Kosegarten Codex, p. 281, Note, folgendermaßen: „Priznoborus kommt „auch in der Form Prinziborius vor. Es ist der böhmische Name „Prisnobor, welcher wahrscheinlich: Strengkämpfer, bedeutet, von „prjen: Strenge". — Der weil. Baron Lefort auf Bök, ehemals Klosterhauptmann zu Dobbertin, erklärte das Wort durch: przy = dicht bei, und bor = Fichte. Jedoch wird diese Deutung nicht richtig sein, da wohl die Zusammensetzung grammatisch nicht richtig ist, theils in der Aussprache wohl ein Hauptlaut — z — verloren gehen würde. Doch ist zu erwähnen, daß borina = Föhrenwald, und borrin = Haide, heißt; vgl. Kosegarten a. a. O. S. 480 und V. Auch die Zweige auf den alten Pritzburschen Siegeln möchten hierauf hindeuten.

Zabel v. Retzdorf erscheint später immer nur als markgräflich-brandenburgischer Vasall. Diese Linie der v. Retzdorf oder v. Restorf ist im Lande Stargard im Anfange des 16. Jahrh. ausgestorben¹); leider ist bis jetzt kein altes Siegel derselben bekannt geworden. Diesen Pritzbur, des Zabel v. Retzdorf Bruder, dürfte man eher für einen Stammhalter des adelichen Geschlechts Pritzbur zu halten haben. Dies wird derselbe bekannt gewordene Stammvater **Pritzbur**, Ritter, sein, welcher 1285 mit andern Rittern, z. B. Gamm, aus der Gegend von Malchow und mit Bürgern von Malchow vorkommt²). Der erste sichere Pritzbur ist der **Ritter Heinrich Pritzbur** („Hinricus Pryssebur miles"), weil er einen Vornamen trägt und der Name Pritzbur Familienname geworden ist, welcher 13. Oct. 1299 bei der Verleihung von Lebbin an das Kloster Malchow als der letzte unter den Zeugen bei dem Fürsten Nicolaus von Werle zu Waren auftritt; — derselbe wird der **Ritter Pritzbur von Kelle** sein, welcher 6. Julii 1300 bei demselben Fürsten zu Wredenhagen erscheint (vgl. Meklb. Urk. B, IV, Nr. 2576 und 2618).

Es kann hier nicht der Zweck sein, die außerordentlich dunkle und schwierige Urgeschichte des Geschlechts Pritzbur zu erforschen; sie wird vielleicht nie aufgehellt werden können. Jedoch gebe ich hier nach den Urkunden des Klosters Malchow einen Stammbaum mit Angabe des Güterbesitzes, welcher in den bis jetzt unbestimmbaren Geschlechtern vielleicht annähernd richtig sein wird.

---

1) Vgl. Jahrbücher XXIII, S. 47.
2) Vgl. Meklb. Urk. B. III, Nr. 1781.

(Pritzbur, Ritter?)
|
Heinrich Pritzbur, Ritter.
1285. 1299.
— ?— Pritzbur, Ritter, von Kelle. 1300.

Pritzbur, Ritter. 1304. = Brüder. = Prisecke, Knappe, oder Pritzbur, Marschall, 1305—1314. (auf Poppentin).
Wittwe: Gertrud, 1314.

Söhne:
- Heinrich Pritzbur. 1333
- Henning Pritzbur. 1333 von Poppentin. Brüder.

—?— Pritzbur von Kelle. 1333—1346. —?— Pritzbur von Kargow. von Kelle. 1333. —?— Gersfav von Walow. von Kelle. 1333. —?— Dubeslav von Kelle. 1333.

Pritzbur, Ritter. 1314 † vor 1345.
G. 2. Hanna v. Ziegast. 1314 † vor 1347.
1345.
Sohn:
Johann Pritzbur von Küß. 1346.

Vicke Pritzbur, Knappe.
Söhne:
Pritzbur, oder Prisecke, 1333, 1346
Heinrich Pritzbur. 1346.
von Grabenitz.

Eine besondere Bewandtniß hat es mit dem Wappen der Prißbur; die ältesten Prißburschen Siegel gehören zu den ältesten Denkmälern von Malchow. Als Wappen der Prißbur gilt jetzt ein geköpfter Adler mit zwei blutspritzenden Halsstummeln und mit ausgebreiteten Flügeln, auf Schild und Helm. Das Geheime= und Haupt=Archiv zu Schwerin besitzt gar keine alten Prißburschen Siegel. Das älteste, welches sich hier bis jetzt hat finden lassen, ist vom J. 1677, und dieser Abdruck hat schon das hier beschriebene Wappen. Damit stimmen aber die ältesten Prißburschen Original=Siegel nicht überein, welche sich allein im Archive des Klosters Malchow finden. Bis zum Ende des 14. Jahrhunderts führen die Prißbur nur einen vorwärts gekehrten Helm mit zwei ausgebreiteten Flügeln, auf denen an jeder der beiden Helmecken ein Rad liegt; zuweilen steht auf der Spitze des Helmes ein Zweig, zuweilen liegen unter dem Helme Zweige. Und zwar erscheint diese Figur auf Siegeln von jeder Art von Gestalt und Anordnung. Ich habe aus dem 14. Jahrhundert 4 Prißbursche Siegel gefunden, welche alle dasselbe Wappen tragen:

1) 1333. Jan. 2. „Pryscebur von Karghow", nach der nebenstehenden Abbildung der Helm im schildförmigen Siegel, also Schildzeichen, mit der Umschrift:

✠ S' · PRISCABVR ·

2) 1346. Oct. 21. „Prißebur von Grabeniße", der Helm ohne Zweige im runden Siegel, mit der Umschrift:

[✠ S' · PRISCA]BVR · DA · GRABANISSA

3) 1346. Oct. 21. und 1347. Febr. 16. „Hennekin Prißebur von Kuße", nach der nebenstehenden Abbildung der Helm im runden Siegel, mit der Umschrift:

[✠ S' · IOHA]NNIS · PRISCAB[VR]

4) 1347. März 7. „Hein= „rich Priscebur in Gra=

"benitze", der Helm ohne Zweige auf einem Schilde im runden Siegel, mit der Umschrift:

[✠ S' · h]INRICI · PRISCGBVR ·

Es finden sich also alle möglichen Siegelformen, aber immer dasselbe Wappen. Ein altes Siegel mit Schild und Helm ist freilich bisher nicht gefunden; es ist aber immer möglich, daß ein Helm ein Schildzeichen sein kann. Ich kann mich daher des Gedankens nicht erwehren, daß das jetzige Pritzbursche Wappen auf einem Mißverständniß beruhen könne, und daß der kopflose Adler mit ausgebreiteten Flügeln nichts anderes ist, als der Helm mit der Helmzierde der ausgebreiteten Flügel; denn ein antiker Stülphelm kann wohl für einen Adlerleib angesehen werden. Jedoch will ich meine Bedenken nicht als Wahrheit ausgesprochen haben; vielleicht finden sich mit der Zeit noch alte Pritzbursche Siegel, welche Aufklärung geben können. In der handschriftlichen Pritzburschen Genealogie von C. L. v. Penz ist ein altes Pritzbursches Siegel abgebildet, welches das jetzige Schildzeichen giebt; es ist das Siegel des Henning Pritzbur, welches an dem Werleschen Landfrieden vom 8. Mai 1353 (Lisch Maltzan. Urk. II, p. 109) hangen soll; an der Schweriner Ausfertigung fehlt das Siegel, vielleicht hängt es an der Ausfertigung im Güstrowschen Stadt-Archive. Wenn aber auch v. Penz einen Doppeladler zeichnet, so ist es doch möglich, daß er sich aus vorgefaßter Ansicht geirrt hat.

Uebrigens blieben die Pritzbur sehr lange im Besitze ihres Stammgutes Grabenitz, welches sie erst 1693 an die v. Holstein verkauften.

Von großer Bedeutung sind auch noch die Gewässer, an welchen die genannten alten Güter der Gamm und Pritzbur bei Malchow liegen; da diese Familien schon früh bedeutende Rechte an diesen Gewässern hatten, so mag auch dies ein Zeichen sein, daß diese Rechte alt waren. Alle Gewässer, von dem Wassergebiete der Stadt Malchow bis an die Müritz, werden in alter Zeit immer nur mit dem Namen Cölpin belegt; der Name Flesen-See oder die Flies wird also jedenfalls jüngern Ursprungs sein. Die Stadt Malchow hatte bei ihrer Stiftung ohne Zweifel gewisse Rechte an dem Wasser erworben, da sie im Wasser lag. Einen gewissen Theil, die Rechte an dem Malchowschen See bis in den Flesen-See hinein, erwarb die Stadt Malchow aber im J. 1287 durch Kauf von Johann v. Grüssow; am 30. Junii 1287 verlieh der Fürst Nicolaus von Werle der Stadt dieses

Wasser zu denselben Rechten, welche sie auf den angrenzenden Wassern, wahrscheinlich im untern Laufe, die sie bisher inne gehabt, besessen¹). Leider sind die Namen und die Grenzen dieser Gewässer nicht ausgedrückt; es werden aber dieselben Gewässer gemeint sein, welche die Stadt noch heute besitzt (vgl. unten).

Die Benutzung der übrigen Wasserflächen des Flesen- und Cölpin-Sees war aber an diejenigen alten Familien zu Lehn weggegeben, welche die angrenzenden Lehngüter seit alter Zeit besaßen, namentlich an die Pritzbur und Gamm, auch an die Hahn von der spätern Linie Solzow. Diese aber verkauften ihre Rechte im 14. Jahrh. nach und nach an das Kloster Malchow, da dieses eine Fischerei nicht leicht entbehren konnte.

Am 21. Junii 1332 verkauften der Ritter Eckhard Hahn und der Knappe Henning v. Gehrden, wahrscheinlich auf Göhren gesessen, dem Kloster Malchow 12 Mark Pacht aus den Cölpin-Gewässern („in aquis Colpin") zu Vasallenrecht, wie ihre Vorfahren sie besessen hatten. Die Hahn von der Linie, welche später auf Solzow wohnten, besaßen seit alter Zeit das Gut Klink am Cölpin-See und an der wichtigen Eldenbrücke bei Eldenburg²) und hatten auch Besitzungen in dem Gute Kisserow bei Malchow. Am 16. März 1339 überließ Eckhard Hahn dem Kloster noch 2 Mark Pacht aus den Kölpin-Wassern.

Am 2. Januar 1333 verkauften Gerslav von Walow, Pritzbur von Kargow, Pritzbur von Kelle und Dubeslav, wahrscheinlich alle Pritzbur, dem Kloster Malchow alle ihre Rechte an den Cölpin-Gewässern („in aquis que Colpin vocantur") und den Aalfang „von den Grenzen der Ge"wässer der Stadt („civium") Malchow bis über das „Dorf Jabel hinaus" (also auf dem Flesen- und Cölpin-See). Am 21. Dec. 1345 verkaufte Johann Pritzbur zu Küz (bei Damerow) dem Kloster 8 Schillinge Pacht aus der Wade und 24 Schillinge aus den Aalfang im Cölpin-See („in sagena Colpin") und 8 Schilling aus drei Wadenzügen in der Müritz bei dem Dorfe Klinken, endlich noch 10 Mark aus dem Cölpin, welche jedoch einstweilen seiner Stiefmutter auf Lebenszeit verschrieben waren. Am 26. Jan. 1347 ver-

---

1) Vgl. Meklb. Urk. B. III, Nr. 1914.
2) Vgl. Lisch Gesch. des Geschl. Hahn, II, S. 248 und 252. — Die Jahreszahl (1302) der Urkunde Nr. LXXXIX ist hier unrichtig und muß 1332 heißen.

kaufte auch Heinrich Pritzbur auf Grabenitz seinen Antheil an diesen Gerechtigkeiten, die Fischereigerechtigkeit mit zwei Kähnen zu den Bedürfnissen seines Hofes, so wie 18 Mark Pacht, welche er an Eckhard Hahn verpfändet hatte, und endlich alle seine sonstigen Fischereigerechtigkeiten.

Diese Erwerbungen waren die Grundlagen zu dem Besitze, dessen sich das Kloster Malchow noch heute erfreut.

Außerdem erwarb es mit den an den Wassern liegenden Gütern die dazu gehörenden Strandfischereien und die sonst dazu noch gehörenden Fischereien.

Noch eine alte, sehr verbreitete, jedoch bisher ziemlich dunkle Familie siedelte sich in und bei Malchow an, die Familie Pape (lateinisch „Clericus")[1]), welche nach dem Zunamen und den gewöhnlichen Vornamen (Dietrich, Arnold, Heinrich, Johann, Nicolaus) ohne Zweifel aus den sächsischen Ländern eingewandert ist. Der Zuname Pape ist in alter Zeit, und noch jetzt, in Meklenburg ziemlich verbreitet. Die Pape kommen urkundlich zuerst in der Grafschaft Berg, in den Bisthümern Münster und Osnabrück, demnächst in Bremen, Lübeck, Meklenburg und Rügen vor. Läßt sich nun freilich nicht mit Sicherheit nachweisen, daß alle diese Pape gleichen Stammes seien, so ist es doch von vielen unter ihnen in hohem Grade wahrscheinlich. Die Rostocker Pape stammten wohl sicher aus Osnabrück (1284: „Johannes Pape de Osenbrugge")[2]). Am häufigsten ist der Vorname Dietrich und es lassen sich in den westelbischen Ländern während des ganzen 13. Jahrhunderts mehrere Ritter Pape mit dem Vornamen Dietrich nachweisen. Auch in und bei Malchow ließ sich im 13. Jahrhundert diese Familie Pape nieder und läßt sich hier ebenfalls auf einen Dietrich Pape zurückführen. Als im J. 1285 der Fürst Nicolaus von Werle und seine Brüder ihren „Vasallen" („vasallis nostris fidelibus") in den Ländern („terminis") Röbel, Malchow und Wenden (Wredenhagen) für die Uebernahme des dritten Theils ihrer Schulden ihre Rechte versicherten und vermehrten, waren viele Ritter und Knappen aus diesen Ländern gegenwärtig[3]); nach den Rittern folgen viele andere Männer, von denen sich einige als Knappen erkennen lassen, andere aber sonst als Stadtbewohner in Malchow auftreten, z. B. die

---

1) Pape bedeutet einen Geistlichen, Pfaffen, im Mittelalter besonders einen vornehmen Geistlichen, daher noch: Dompfaffe.
2) Vgl. Meklenb. Urk. B. III, Nr. 1738.
3) Vgl. Meklenb. Urk. B. III, Nr. 1781.

Erich und die öfter genannten Brüder Herder und Marquard. Mitten unter diesen steht nun 1285 Dietrich Pape („Herderus et Marquardus, Tidericus Clericus, Ericus et Ericus"). Wenn nun auch am Schlusse gesagt wird, daß „noch mehr Ritter und Knappen" als Zeugen gegenwärtig gewesen seien, so läßt es sich doch von diesen letzt genannten nicht bestimmt nachweisen, daß sie zu den Knappen gehört haben; vielmehr ist es wahrscheinlich, daß sie reiche und angesehene Landbesitzer und Stadtbewohner gewesen seien. Aber sehr bald tritt Dietrich Pape, der wohl sicher einer „rittermäßigen" Familie angehörte, schon als **Ritter** auf. Als im J. 1292, als das Kloster noch nicht bestand, in dem „Holze vor der Stadt Malchow" („in nemore ante civitatem") der Fürst Nicolaus von Werle den Verkauf mehrerer Hebungen aus der Tibboldsmühle (jetzt Vormühle, bei dem Kloster) von den Brüdern Herder und Marquard an Marquard von der Wik und seinen Schwiegersohn Gottfried bestätigte, war unter den Zeugen der letzte unter den Rittern **Dietrich Pape** („Tidericus Clericus miles") und der letzte unter den Knappen Johann Pape („Johannes Clericus famulus")[1]. Als derselbe Fürst am 9. Oct. 1299 der Stadt Malchow den dritten Theil aller Gerichtsbarkeit für 400 Mark verpfändete, geschah dies **„auf dem Hofe des Herrn Dietrich Pape, Ritters, außerhalb der Stadt"** („actum in curia domini Theodorici Papen militis extra civitatem")[2]. Aus diesem fürstlichen Besuche auf einem Ritterhofe, welcher wohl angenehmer sein mochte, als in der beengten Stadt Malchow, läßt sich wohl abnehmen, daß Dietrich Pape ein angesehener Mann war. Der Hof des Ritters Dietrich Pape „außerhalb der Stadt" war wohl der **Hof Wiksol** (vgl. oben S. 7), welcher auf dem Südufer bei und **vor dem Kloster** lag. Dietrich Pape hatte jedoch noch mehr Landbesitz. Am 7. Jan. 1303 schenkte er dem wohl noch nicht lange aufgebauten Kloster Malchow 2 Hufen in dem Dorfe **Zielow** für seine in das Kloster getretene Tochter Adelheid, und seine Söhne Henneke und Dietrich ließen mit ihm diesen Besitz vor dem Lehnherrn auf. Auch in **Sietow** hatten die Pape Besitzungen, welche sie 1356 an das Kloster Dobbertin verkauften.

Am 29. Aug. 1330 hatten Johann Pape, welcher schon 1314 und 1317 als Knappe in Malchow auftritt, und dessen

---

1) Vgl. Meklenb. Urk. B. III, Nr. 2162.
2) Daselbst IV, Nr. 2574.

Brüder Nicolaus und Christian den Hof Wikfol bei dem Kloster Malchow („curiam prope monasterium Malchowe sitam dictam Wicsol") an das Kloster verkauft und der Fürst Johann von Werle verlieh diesem das Eigenthumsrecht, das er bisher davon gehabt hatte. Am 14. März 1332 bezeugte der Fürst, daß der „Knappe" Nicolaus Pape mit seinen Brüdern Henning und Christian den „vor" dem Kloster belegenen Hof Wikfol („curiam dictam Wicsol ante claustrum Malchow sitam") zum Besitze des Klosters vor ihm aufgelassen habe.

Die Familie scheint also eng mit der Geschichte des Ortes Malchow verbunden zu sein.

Der Stammbaum für Malchow gestaltet sich also:

Dietrich Pape,
Ritter,
1292—1303.

Johann,		Dietrich	Adelheid,
Knappe,		1303.	Nonne,
1292—1303.			1303.

Johann,	Nicolaus,	Christian,	Gerhard,
Knappe,	Knappe,	Knappe,	Knappe,
1330—1356.	1330 † vor 1356.	1330—1344.	1329—1333.

Henning	Kinder.	Jaries Dietrich	Gertrud,
1356.		1375. 1375—1379.	Gem. Gerhard,
			v. Marsow,
			1379.

Von den Pape stammen ohne Zweifel die Swartepape („Niger Clericus"), welche ihren Hauptsitz in der Stadt Plau hatten und dort im 14. Jahrhundert ungefähr eben die Rolle spielten 1), wie die Pape in der Stadt Malchow, dabei aber auch großen Landbesitz hatten.

Die Swartepapen in Plau führten im Wappen auf einem linken Schrägebalken drei Sterne und statt des Helms ein Pelikans=Nest, in welchem ein Pelikan steht, der sich die Brust aufreißt und mit seinem Blute seine Jungen nährt; die Swartepapen führen mitunter auch dieses Helmzeichen allein im Siegel. Von den Pape ist bisher nur ein einziges Siegel bekannt

---

1) Vgl. Lisch Berichtigung einer von dem Staatsminister v. Kamptz gemachten Aeußerung, Schwerin, 1844.

geworden, welches an der stark vermoderten Urkunde vom 7. Mai 1356 über Sietow im Kloster Dobbertin¹) hängt; hier führt Johann Pape ein Pelikans-Nest im Schilde²). Nach Namen und Wappen werden also die Familien Pape und Swartepape stammverwandt sein. Ob die Pape und Swartepape in irgend einer Weise mit den Gamm zusammenhangen, ist nicht zu ermitteln; die Swartepape führen 3 Sterne auf einem linken Schrägebalken, die Gamm freie 3 Sterne, bald schräge links, bald schräge rechts, ohne einen Balken, im Schilde. Viel mag auf diese Aehnlichkeit nicht zu geben sein, da die Gamm ohne Zweifel einer alten wendischen Familie angehörten.

Jedenfalls scheinen aber alle diese alten adeligen Familien in der nächsten Nähe der alten wendischen Burg Malchow mit dieser in einem alten, geschichtlichen Zusammenhange zu stehen. Möglich wäre es, daß auf dem Siegel der Stadt Malchow (vgl. unten) der Vogelkopf zwischen den beiden Thürmen Beziehung zu dem Wappen der Pape hätte.

6.
Das Dorf Alt-Malchow.

Nach dem Untergange der Burg und der Verwüstung des Burgwalls entstand in gleicher Linie an demselben terrassirten Südufer des Malchowschen Wassers eine Viertelstunde westlich von dem Burgwall und im Angesichte desselben ein christliches Dorf, welches mit der Zeit, schon im 13. Jahrhundert, im Gegensatze zu der gegenüber liegenden, jüngern Stadt, Alt-Malchow genannt ward. Dieses Dorf hat grade an der Stelle gestanden, wo jetzt das im J. 1298 von Röbel hierher verlegte Kloster steht. Den Beweis liefert nicht nur die Lage, an der bequemsten Stelle zum Uebergange über das Wasser, sondern vorzüglich die ehemalige Kirche, welche erst in den neuesten Zeiten einem großen, reich geschmückten Bau Platz gemacht hat. Die alte Klosterkirche, welche ich selbst glücklicher Weise noch gesehen und untersucht habe³), war zum Theil noch die alte Dorfkirche, welche ohne Zweifel innerhalb des ehemaligen Dorfes und

---

1) Vgl. Lisch Maltzan. Urk. II, S. 136, Nr. CCLXI.
2) Die Rügenschen Pape führten einen rechten Schrägebalken mit drei Adlern im Schilde; vgl. J. v. Bohlen Geschichte des Geschlechts v. Krassow, Tab. IV, 15 c.
3) Vgl. Jahrb. VIII, B, S. 133.

vielleicht an der Stelle des ehemaligen heidnischen Haines stand (vgl. oben S. 13). Der viereckige Chor der Kirche war aus Feldsteinen erbauet und hatte in der östlichen, graden Altarwand drei schmale, schräge eingehende Fenster im Uebergangsstyl, war also ganz so construirt, wie sehr viele Dorfkirchen im Lande, welche ungefähr aus der Zeit 1230—1240 stammen, und namentlich genau so, wie die benachbarte Kirche zu Grüssow¹). Dieser Chor stammte also noch von der alten Dorfkirche. Das Schiff der ehemaligen Kirche ward für die größern Bedürfnisse eines Klosters nach dem J. 1298 im 14. oder 15. Jahrhundert umgebauet, und zwar für die Bedürfnisse eines Nonnenklosters, denn es war, wie gewöhnlich Nonnenkirchen, ein einfaches Schiff ohne Seitenschiffe, in einem sehr einfachen und schmucklosen Baustyl. Von dem alten Kreuzgange, welcher sich an die ehemalige Kirche lehnte, steht noch ein Theil in den alten Damenhäusern.

Das Dorf und die Kirche gehörten ohne Zweifel den Landesherren.

Von der Kirche und Pfarre ist im 13. Jahrh. wiederholt die Rede. Im J. 1256 verlieh der Fürst Nicolaus von Werle den Pfarrern in der Propstei Alt-Röbel und zu Malchow, Kieth und Jabel das Recht, über ihr Vermögen testamentarisch zu verfügen, und befreiete ihre Leute von Zöllen und öffentlichen Diensten²). Am 25. Nov. 1284 bezeugte der Fürst Nicolaus von Werle mit seinen Brüdern und seiner Mutter Sophie, daß sein Vater Johann (1275 † 1283) den bei der Nachmessung gefundenen Ueberschlag der in Roez belegenen Güter der Kirche zu Malchow den Kirchenbauern verkauft und diese von der fernern Nachmessung befreiet habe³).

Seitdem im J. 1235 auf der Insel am Nordufer eine Stadt Malchow gegründet war, fing man nach und nach an, das Dorf Malchow auf dem Südufer mit dem Namen Alt-Malchow zu belegen. Als im J. 1285 die Fürsten von Werle für die Uebernahme des dritten Theils ihrer Schulden ihren Vasallen in den Ländern ("terminis") Röbel, Malchow und Wenden (Wredenhagen) die bisherigen Rechte versicherten und erweiterten, verlegten sie auch, um Streit zwischen Vasallen und Stadtbürgern zu vermindern,

---

1) Vgl. Jahrb. XVI, S. 291.
2) Vgl. Meklenb. Urk. B. II, Nr. 763.
3) Daselbst III, Nr. 1758.

das fürstliche Gericht, Landding genannt, von den Burgen und den Städten in die Dörfer Priborn, Alt-Malchow („villa Antiqua Malchowe") und Zepkow¹).

Im J. 1298 erfolgte für Malchow die denkwürdige Begebenheit, daß das in der Stadt Röbel gestiftete Nonnenkloster nach dem Dorfe Alt-Malchow („apud ecclesiam Antique Malchow") verlegt ward.

Diesen Namen hat nun das Kloster und besonders das unmittelbar bei demselben belegene Dorf auch immer behalten, namentlich im Gegensatze zu der Stadt Malchow, welche immer Neu-Malchow benannt ward. So z. B. beschwerte sich die Stadt Malchow im J. 1589 auf dem Landtage darüber, „daß vor dem Stetlein auff Alten-Malchow ein Krug belegen" sei, welcher die Nahrung der Stadt schmälere. Ja, noch in den neuesten Staatskalendern werden die ununterbrochen neben einander liegenden Gebäude des Klosters geschieden in „Alt-Malchow, Bauhof, Amt, Kloster".

Das Dorf Alt-Malchow, und damit auch das alte Klostergebiet, dessen Aecker vom Wasser aus hinterwärts lagen, nahm aber nicht den ganzen Raum von dem Burgwalle bis an die Vormühle ein, sondern es waren neben dem den Fürsten gehörenden Dorfe eine große Menge kleiner Besitzungen, welche alle von den Fürsten an Malchowsche Stadtbürger und Patricier zu Lehn weggegeben waren und von diesen nach und nach an das Kloster verkauft wurden.

Der Burgwall ward zu dem Hofe Laschendorf gelegt und kam mit diesem später an das Kloster.

Nicht weit vor dem Burgwall lag in alten Zeiten ein Hof, dessen Stelle noch auf der großen Schmettauschen Karte als „Alter Hof" bezeichnet ist. Nach den Mittheilungen des Herrn Küchenmeisters Engel sind hier noch bei Menschengedenken viele alte Fundamente ausgegraben. Nach der Malchowschen Sage soll hier zuerst das Kloster gestanden haben; diese Sage kann aber nicht richtig sein, da das Kloster sicher neben der Dorfkirche zu Alt-Malchow errichtet ward, wo es noch steht. Es wird aber an der Stelle des „Alten Hofes" auf ehemaligem fürstlichen Grund und Boden ein Wirthschaftshof des Klosters gestanden haben.

Ein anderer Hof stand hier vor der Stadt („curia sita ante civitatem Malchow"), d. h. an der Klosterseite, welchen das Kloster von Rudolf v. Sternberg kaufte; am 1. Febr. 1309 verlieh der Fürst Nicolaus v. Werle dem Kloster

---

1) Vgl. Meklenb. Urk. B. III, Nr. 1782.

Malchow das Eigenthumsrecht. Clandrian nennt in seinem Malchowschen Urkundenbuche im J. 1576 diesen Hof den „Neuen Hof" („Newhoff"), ohne Zweifel im Gegensatze zu dem erwähnten alten Hofe.

Ein dritter Hof war der Hof Wiksol („curia Wicsol"), welcher bei und vor dem Kloster lag („prope monasterium Malchow" und „ante claustrum Malchow"). Diesen Hof kaufte das Kloster erst im J. 1330 von den Brüdern Pape (vgl. oben S. 30); am 29. August 1330 verlieh der Fürst Johann dem Kloster das Eigenthumsrecht.

Man sieht also, daß das Kloster in den ersten Zeiten seines Bestehens, außer dem wahrscheinlich kleinen Dorfe, sehr wenig Grundbesitz in seiner nächsten Nähe hatte.

Außer diesen „Höfen" lagen bei dem Kloster eine Menge Mühlen: die Tibboldsmühle (Vormühle), Herbersmühle, Schwertfegersmühle, Schwickowenmühle, Grüssower Mühle und Walower Mühle, welche fast alle Lehnbesitz Malchowscher Bürger waren und erst nach und nach durch Kauf in den Besitz des Klosters übergingen. Die Geschichte dieser Mühlen könnte freilich sehr belehrend sein, würde hier aber zu weit führen. Ueberhaupt erwarb das Kloster in dem ersten halben Jahrhundert seines Bestehens zu Malchow nur diese kleinen Besitzungen. Zu größerm Landbesitz gelangte es erst seit der Mitte des 14. Jahrhunderts (vgl. oben S. 21).

Die Malchowschen Bürger waren aber bis zu dieser Zeit vielfach mit kleinen Gütern auf dem Südufer des Wassers angesessen und scheinen in ältester Zeit eine größere Rolle gespielt zu haben, als im Laufe späterer Zeiten.

7.
Das Kloster Malchow.

In der Stadt Röbel ward auf der Altstadt, Schwerinschen Stiftes, schon früh im 13. Jahrhundert ein Dominikaner- oder Predigerordens-Mönchskloster gegründet. Bald kam auf der Neustadt, Havelbergischen Stiftes, noch ein Marien-Magdalenen-Nonnenkloster vom Orden der Büßerinnen hinzu, welches sicher schon am 16. April 1273 stand [1]). Da aber zwei Klöster ohne besonders großen Grundbesitz für die kleine Stadt zu viel waren und namentlich die Nonnen Noth litten, so ward zwischen den ständigen Bischöfen und

---

[1]) Vgl. Meklenb. Urk. B. III, Nr. 1263

Fürsten eine Umänderung beschlossen. Am 29. Mai 1298 verlegte der Bischof Gottfried von Schwerin, nach Uebereinkunft mit dem Bischofe Johann von Havelberg, das Nonnenkloster von Neu-Röbel nach dem Dorfe Alt-Malchow[1]), Schwerinschen Stiftes, und erlaubte den Predigermönchen die Auswanderung von Alt-Röbel in das verlassene Nonnenkloster zu Neu-Röbel, wo es auch bis zum Ende geblieben ist. Schon am 21. Mai 1298 hatten der Fürst Nicolaus von Werle mit seinen Brüdern und deren würdige Mutter Sophie, welche ohne Zweifel das Werk für die darbenden Nonnen betrieben hatte, eingewilligt, daß die „Nonnen nach „der Kirche zu Alt-Malchow übersiedeln und dort ein „Kloster bauen könnten („ut se transferentes apud eccle-„siam Antique Malchow ibidem se locantes claustrum edificent")[2]), und schenkten ihnen, zur bessern Unterhaltung ihrer Priester, das Patronat der Kirchen zu Alt-Malchow, in der Stadt Neu-Malchow und zu Lexow („ecclesie in „ciuitate Malchowe et Antique Malchowe de foris et in „Lexowe" oder „utriusque ecclesie Malchowe et Lexowe"). Am 2. Junii 1298 bestätigte auch das Dom-Capitel zu Schwerin[3]) die Verlegung und die Schenkung und stellte das Kloster unter die Aufsicht des Archidiakonats Waren. Diese Urkunden wurden von allen betheiligten regierenden Personen und Behörden besiegelt. Alle diese Urkunden sind sehr schön ausgestattet und im Original noch beim Kloster vorhanden. Auch das neue Kloster Malchow besiegelte die eine Urkunde vom 2. Junii 1298 mit dem hieneben abgebildeten Conventsiegel[4]), ein Beweis, daß an jenem Tage das Nonnenkloster, nach gehöriger Vorbereitung, schon nach Malchow übergesiedelt war. Das Siegel[5]), welches noch bis gegen das Ende des 17. Jahrhunderts gebraucht ward, stellt Christum stehend mit der Siegesfahne

---

1) Vgl. Meklb. Urk. B. IV, Nr. 2505 und 2506.
2) Vgl. daselbst IV, Nr. 2503.
3) Vgl. daselbst IV, Nr. 2507 und 2508.
4) Vgl. daselbst S. 67.
5) Vgl. Jahrb. XXVII, S. 248.

und vor ihm die knieende Maria Magdalena dar und führt die Umschrift:

✠ S · 9' · D'IIAR' · SŪA · MARIE · MAGD' · I ·
MALCOVE ·

(✠ Sigillum conventus dominarum sancte Marie Magdalene in Malcove).

Das Kloster erhielt nicht allein durch die Verlegung aus einer Stadt in ein offenes Dorf eine bei weitem schönere Lage und freiere Bewegung, sondern gewann auch reichere Mittel. Ohne Zweifel behielt es seinen frühern Landbesitz, nämlich 13 Hufen in Küssekow, Zilow, Priborn, Buchholz, Spitzkuhn und Wütow und Aecker auf der Stadtfeldmark Röbel, da das Kloster Malchow noch im 16. Jahrhundert hier Aecker besaß, und gewann dazu durch Schenkung der Landesherrschaft noch das Dorf Alt-Malchow, welches freilich nur klein und von Bauern besetzt war und nicht viel Geld brachte. Da diese Besitzungen aber wohl nicht ausreichten, so verlieh der Fürst Nicolaus schon am 13. Octbr. 1299 dem Kloster 13 Hufen und den halben Zehnten des nahe gelegenen Dorfes Lebbin¹) mit aller Freiheit, gegen eine Lieferung von einem Paar Schuhen jährlich zu Weihnacht.

In den nächsten Zeiten mußte das Kloster die auf der sehr zerstückelten Feldmark Alt-Malchow vor dem Kloster gelegenen Höfe und die vielen Mühlen umher von den Malchowschen Bürgern zu erwerben (vgl. oben S. 34). Darauf erwarb es den größern Theil der Gewässer des Cölpin- und Flesen-Sees (vgl. oben S. 28). Endlich in der Zeit 1340 bis 1350 konnte es schon die Güter Damerow, Lipen und Wangelin kaufen (vgl. oben S. 21).

Damit war der wohlhäbige Bestand des Klosters gesichert.

Als die Mission der Marien-Magdalenen-Klöster erfüllt war, trat das Kloster noch im 14. Jahrhundert zu dem geachteten und wirksamen Cistercienser-Orden über.

8.
Die Stadt Malchow.

Nach der Wiederherstellung des äußern und innern Friedens nach den Kreuzzügen gegen die Wenden und nach der Befestigung christlichen Glaubens und deutscher Sitte in

---

1) Vgl. Meklenb. Urk. B. IV, Nr. 2576.

dem schwer heimgesuchten Lande Malchow suchte man hier auch einen größern Mittelpunct für den bürgerlichen Verkehr zu gründen. Eine fürstliche Burg ward nicht wieder aufgeführt; an die Stelle einer solchen trat die Neuburg Wenden oder Wredenhagen; auch ist nirgends ausdrücklich von einem fürstlichen Burgvogt oder einem fürstlichen Amte in Malchow die Rede, sondern nur von einem Richtevogt¹) (oder Stadtrichter). Die Anlage eines größern Ortes am Südufer des Malchowschen Sees vor der ehemaligen Burg mochte auch noch nicht gelungen sein, da der Ort nur ein kleines Dorf blieb. Die Landesherrschaft entschloß sich daher, eine **deutsche Stadt** an diesem wichtigen Puncte zu gründen.

Am 14. März 1235 verlieh der Fürst Nicolaus von Werle den Bürgern von Malchow das **Schwerinsche Stadtrecht**²), welches im 13. Jahrhundert eine sehr große Verbreitung gewonnen hatte, und die Stadt ward bis auf die neuern Zeiten immer „Neu=Malchow" genannt³), im Gegensatz zu dem Dorfe, welches fortan Alt=Malchow hieß. Es ist möglich, daß man ursprünglich die Anlegung der Stadt auf dem Südufer beabsichtigt hatte und sie später, da die Anlage verfehlt erschien, an das Nordufer verlegte, wie zu jener Zeit bald manche Städte verlegt wurden, wie z. B. Güstrow, und daß daher die Namen Alt= und Neu=Malchow kamen; es ist jedoch nirgends eine Andeutung zu finden, daß zu Alt=Malchow ein Ort in Form einer Stadt gestanden habe, wenn auch viele Malchowsche Bürger Grundbesitz auf dem Südufer hatten.

Die Bezeichnungen Altstadt und Neustadt Malchow, welche in den neuesten Zeiten in der Stadt aufgekommen sind, sind daher für die ältern Zeiten nicht zutreffend.

Die Stadt ward, wohl für die ältesten Zeiten passend, jedoch für alle Zeiten nicht glücklich, auf einer **kleinen Insel** oder dem „Werder" angelegt, welche an dem steilen Nordufer des Malchowschen Wassers liegt, dem Dorfe und dem spätern Kloster gegenüber, so daß die Insel von dem Nordufer durch einen schmalen Wasserarm, von dem Südufer aber durch ein breites Gewässer getrennt war.

Der Fürst gab zur **Stadtfeldmark** 40 Hufen Landes, welche zum größten Theil auf dem Nordufer lagen; jedoch

---

1) „Bertrammus de Malechowe minor aduocatus", 1273, Sept. 12, vgl. Meklenb. Urk. B. II, Nr. 1295.
2) Vgl. Meklenb. Urk. B. I, Nr. 433.
3) Im J. 1523 z. B. „gantze Gemeinheit des Stedekens Nien-Malchow".

lag auch ein Theil auf dem Südufer, wo die Stadt westlich von dem Kloster noch jetzt Besitzungen hat. Im J. 1697 wird berichtet: „Die Stadt hat übers Wasser eine wüste Dorfstätte gehabt, so vormals Globahn geheißen"; die Stadt genoß damals aber wenig davon, da „die Grüssower, „die Petersdorfer, der Brantmüller und der Vornmüller eine „große Menge Vieh für eine schlechte Heuer darauf trieben" und auch Tannen darauf standen. Die Stadt hat jetzt auf dem Südufer ihr Jägergehöft, bedeutende Holzung, Wiesen und ihr Torfmoor, so wie die Ziegelei.

Der Inselraum für die Stadt ist außerordentlich klein; die Stadt (Altstadt auf der Insel) hat eigentlich nur zwei Straßen: die Lange Straße und die Kurze Straße, mit der Kirchenstraße um Kirche und Rathhaus, und einige wenige unbedeutende Queerstraßen.

Ob zur heidnischen Zeit die Insel eine heilige Bedeutung gehabt habe (vgl. oben S. 14), ist nicht zu sagen, jedoch kaum anzunehmen; denn die Insel ist nicht wohl dazu geeignet. Der Boden ist durchweg Sumpf- und Moorboden; die Häuser können daher noch jetzt nur auf eingerammten Pfählen erbauet werden. Beim Bau des Hauses des jetzigen Burgemeisters Rettberg wurden in der Tiefe außerordentlich viele Hirschgeweihe, z. B. noch 2 ganze Geweihe, viele Stangen und sehr viele Enden gefunden, welche leider durch einen jetzt nach Amerika ausgewanderten Bürger alle zerstreut sind. Man kann daher auf den Gedanken kommen, daß hier zur Steinzeit ein Pfahlbaudorf gestanden habe.

Die Insel lag auch sehr tief, so daß als gegen Ende des 16. Jahrh. der Müller zu Plau das Grundwerk der Mühle eine Elle höher, als zuvor, hatte legen lassen, die Gärten der Stadt und die Stadt selbst und ihre Brücken in Gefahr geriethen. Die jetzigen Straßen der Stadt sind ohne Zweifel durch den Brandschutt aus den großen Bränden, welche die Stadt wiederholt erlitten hat, erhöhet worden. Die hinter den Häusern am See liegenden Gärten der Häuser liegen noch sehr tief und werden noch jetzt mit großer Mühe bedeutend durch „Tannenquäste" (Kiefern-Faschinen) und Sand nach dem Wasser hinein erweitert und haben noch viel vom Wasser zu leiden.

Und dennoch war das Wasser wieder sehr wichtig für die Stadt, so daß sie im J. 1287 noch einen Theil des Malchowschen Wassers von Johann von Grüssow ankaufte¹). Am 30. Junii 1287 verliehen die Landesherren²) der Stadt diesen Theil des angekauften Wassers mit allen daran haftenden Rechten und gaben ihr dazu die Freiheiten, welche sie an den übrigen ihr schon gehörenden, bei der Stadt liegenden Gewässern besaß. Das der Stadt gehörende Wasser geht oberhalb ungefähr ⅛ Meile bis Laschendorf und unterhalb ungefähr ¼ Meile bis zu dem sogenannten Petersdorfer See des Wassers bei den Biestorfer Tannen.

Noch wichtiger war der Stadt aber die Verbindung mit dem Lande, da sie den größten Theil ihrer Aecker und ihre Gärten auf dem Nordufer hatte und daher ein täglicher leichter Verkehr gegen Norden hin unumgänglich nothwendig war. Auch war wohl der Begräbnißkirchhof auf dem Nordufer vor der Stadt, da hier eine S. Gertruden-Kapelle³) stand, „darin die Leichenpredigten gehalten wurden", wie in Güstrow.

Es war daher eine Brücke über den schmalen Wasserarm nach dem Nordufer hin zu jeder Zeit unerläßlich, wie sie bis heute besteht und in frühern Zeiten auch wohl die Stadtbrücke genannt ward.

Es giebt aber eine merkwürdige Urkunde vom 13. April 1292⁴), welche, durch jüngere Nachrichten unterstützt, ein helles Licht auf die ältesten, guten Zustände der Stadt Malchow wirft. In der allerfrühesten Zeit ging über das südliche Wasser ohne Zweifel eine Fähre, da am 30. Junii 1287 ein Malchowscher Bürger Heinrich von der Fähre („Hinricus de Trajecto") als Zeuge aufgeführt wird (vgl. Urk. B. III, Nr. 1914). Es war aber schon in alten Zeiten, ohne Zweifel durch Privatthätigkeit, eine zweite Brücke bei der Stadt gebauet, welche dem Fürsten Nicolaus von Werle von Wolter Pote und Erich Mechthilds Sohn freiwillig aufgelassen ward. Wolter Pote und Marquard von der Wik werden am 19. Mai 1293 neben einander ausdrücklich „Bürger zu Malchow" („ciues in Malchow") genannt (vgl. Urk. B. III, Nr. 2226). Am 13. April 1292 verlieh nun der Fürst, „in Betracht des Nutzens für die Be-

---

1) Derselbe Johann von Grüssow verkaufte am 23. Febr. 1294, in Gegenwart vieler Patricier aus Malchow, der Pfarre zu Grüssow 2 Hufen in Grüssow und schenkte dazu das Holz von einer Hufe bei seinem Hofe Kummerow (vgl. Meklenb. Urk. B. III, Nr. 2282).
2) Vgl. Meklenb. Urk. B. III, Nr. 1914.
3) Noch im J. 1650, also lange nach den trüben Kriegsjahren, stand die Kapelle „dachlos".
4) Vgl. Meklenb. Urk. B. III, Nr. 2160.

„wohner des ganzen Landes und der fremden Reisenden diese „bei der Stadt belegene „lange Brücke" („longum pon„tem dicte ciuitati adiacentem") der Stadt („communi„tati") zum ewigen Besitze („perpetuo possidendum"), mit allem Rechte und aller Nutznießung, wie sie die letzten Besitzer und deren Vorgänger besessen und genutzt hatten. Diese Brücke, welche ausdrücklich die „lange Brücke" genannt wird, ist nun zweifellos nicht die kurze, jetzt innerhalb der Stadt liegende Brücke, welche nach Norden führt, sondern eine zweite Brücke, welche über das große Wasser nach dem Südufer gebauet war, lange ehe das Kloster dahin verlegt war. Wir kennen in frühern Jahren der neuern Zeit nur eine Fähre über dieses Wasser und erst seit den neuesten Zeiten einen festen Erddamm durch dasselbe. Es ist aber sicher, daß hier fast 400 Jahre lang eine hölzerne Brücke stand, welche immer den Namen „Lange Brücke" geführt hat. Um den Weg langer Forschungen abzuschneiden, sei hier kurz bemerkt, daß diese Brücke noch im J. 1697 gradezu „die Lange Brücke über den See nach Alten=Malchow, 800 Fuß lang", und „die vergangene Brücke nach dem Kloster" genannt wird.

Die Stadt suchte, so lange die Zeiten erträglich waren, die Brücke zu erhalten. Im J. 1589 brachte sie auf dem Landtage klagend vor, daß wenn der Müller zu Plau das Wasser ferner so hoch staue, sie „unmöglich die Lange Brücke" länger erhalten könne, auch daß der Amtmann zu Plau den Verkehr durch die Stadt Malchow hemme, damit keine Fuhr durch das Städtlein durchgebracht werde, und „dadurch bewirke, daß sie gar keinen Zoll zur Erbauung und „Erhaltung der Langen Brücke bekomme".

Die fernere Geschichte dieser langen Brücke ist für die Stadt Malchow sehr wichtig, denn sie war ihr Lebensnerv. Daher hatte der Herzog Ulrich der armen Stadtcasse („Rathhaus") 200 Gulden geschenkt, welche bei dem „Güstrowschen Rathhause" zu 10 Fl. Zinsen belegt waren, um mit diesen Zinsen und dem Brückenzoll die „beschwerliche Brücke" zu unterhalten. In den traurigen Zeiten des dreißigjährigen Krieges litt auch die Stadt Malchow ungewöhnlich. Die „lange Brücke ward im J. 1637 ruinirt" und die Zeiten wurden so schlecht, daß an die Wiederherstellung nicht zu denken war. Die Noth ward in den schlimmsten Zeiten des J. 1639 so groß, daß sich die Stadt am 24. Jan. 1639 bei dem Herzoge Adolph Friedrich darüber beklagte, daß die Stadt Güstrow, welche doch Zinsen an Malchow zu bezahlen hatte, den Bürgern „nicht einen Scheffel Brotkorn zu Erhaltung und Erquickung ihres elenden Madensacks ablassen" wolle. Die Stadt konnte auch in bessern Zeiten die Brücke nicht wiederherstellen und beklagte sich darüber bitter in den folgenden Jahren. Sie klagte noch am 2. Junii 1694, „daß „die arme Bürgerschaft in Ermangelung der Brücke ganz „nahrlos sitze".

Kaum hatte die **Stadt** zu einiger Erholung wieder Muth gefaßt, als sie am 23. April 1697 das entsetzliche Unglück traf, daß sie mit Kirche, Rathhaus und Thoren **ganz abbrannte**, so daß nicht ein einziges Haus stehen blieb. Die Stadt war so sehr in Verzweiflung, daß sie darauf hinarbeitete, jetzt die Insel ganz zu verlassen und am Nordufer um die S. Gertruden-Kapelle, da wo die Gärten waren, eine neue Stadt anzulegen und eine Brücke weiter abwärts, wo das Wasser schmaler wird, zu bauen¹). Die Stadt trug Bedenken, „sich wieder auf dem **Werder** „und dem alten Ort, wo das Städtchen gestanden, anzubauen, „es wäre denn, daß der Herzog die vor vielen Jahren „ruinirte Brücke, deren Reparation die Stadt nicht ge= „wachsen, wieder aufbauen ließe, da die **Stadt nach Ruini**= „**rung der alten Brücke außer Nahrung gewesen**".

Kaum war die Stadt einigermaßen wieder in Ordnung, als am 27. Nov. 1721 der größte Theil derselben **wieder abbrannte**, nämlich 70 Wohnhäuser mit allen Hinter= und Nebengebäuden, so daß nur 30 „Wohnungen" stehen geblieben waren. Auch jetzt wollte man sich wieder auf dem „festen Lande" anbauen. Da erließ der Herzog Carl Leopold am 10. Julii 1723 den Bescheid, „daß er die „Wiederbebauung der Stadt placidire, auch **permittire**, „wenn einige draußen bauen wollten". Seit dieser Zeit sind also die beiden für die Stadt wichtigen Straßen auf dem „festen Lande" am Abhange des Nordufers entstanden, welche „**Beim Mühlberg**" (die Fabrikstadt) und „**Zwischen den Gärten**", und zusammen mit Recht auch wohl die Neustadt genannt werden, im Gegensatze zu der Altstadt auf der Insel.

Wenn die nächst folgenden Zeiten auch grade nicht glänzend waren, so kam die Stadt doch bald zu einer Fähre über das breite Wasser. Am 13. Mai 1727 schloß nämlich die Stadt mit dem „Schiffsbaumeister" Heinrich Water=

---

1) Hier ist auf einem Plane hinter dem Kloster der „**Thiergarte**" angegeben.

mann einen Contract über eine zu erbauende Fähre auf seine Kosten und seinen Nutzen. Diese Fähre ist noch allgemein bekannt und hat in den neuesten Zeiten bei der Erbauung der im J. 1848 ganz vollendeten Chaussee nach Röbel einem Erddamm mit Chaussee-Platz machen müssen, welcher am 26. Febr. 1846 vollständig fertig geworden ist. Bei Gelegenheit dieses Dammbaues wurden noch viel eichene Balken[1]) von der ehemaligen Langen Brücke gefunden.

Nach so viel Leiden hat denn die kleine Stadt Malchow selbst auch nichts Alterthümliches mehr aufzuweisen.

In dem ersten Jahrhundert ihres Bestehens mag die Stadt am blühendsten gewesen sein. Im J. 1299 konnte sie dem Fürsten Nicolaus von Werle noch 400 Mark Pfenninge (damals ungefähr 1800 Thaler) leihen, wofür er ihr am 9. Octbr. 1299 den dritten Theil aller Gerichtsbarkeit in der Stadt und der Feldmark verpfändete[2]).

In der Mitte des 14. Jahrhunderts gehörte Malchow nicht zu den geringsten Städten des Landes. Nach dem Landfrieden vom 14. März 1354 (vgl. Lisch Maltzan. Urk. II, Nr. 256) sollten von den kleinern werleschen Städten z. B. Röbel, Malchow, Plau und Kalen je 10, Teterow und Lage je 5 Mann Gewaffneter zum Aufgebot stellen.

Die Nähe des Klosters und die angenehme Gegend mochte auch wohl Veranlassung sein, daß am 6. Julii 1346 der Fürst Johann III. von Werle-Goldberg seiner Schwiegertochter Agnes die Stadt und das Land Malchow zum Leibgedinge verschrieb, wie es schon seine verstorbene Gemahlin gehabt hatte.

Die zu dieser Darstellung benutzten Schriften werden im Staats-Archive zu Schwerin und im Kloster-Archive zu Malchow aufbewahrt. Die Stadt hat alle ihre alten Urkunden und Acten in dem großen Brande von 1697 verloren.

Die öffentlichen Gebäude aus alter Zeit sind durch diesen Brand sämmtlich spurlos untergegangen.

Auch die Kirche ging in Folge des Brandes unter. Nach dem Kirchen-Visitations-Protocoll vom J. 1664 war „die Kirche, genant zu S. Jürgen, ein zimlich groß Gebeu, „aber etwas baufellig". Nach dem Brande von 1697 „wich „das Mauerwerk der Kirche rücklings zurück und die Risse „erweiterten sich" immer mehr und mehr. Der Brand von

---

1) Nach Mittheilung des Herrn Wasserbaumeisters Garthe.
2) Vgl. Meklenb. Urk. B. IV, Nr. 2574.

1721 nahm das Gebäude wieder hart mit. Die Klagen über den gefährlichen Zustand häuften sich mit der Zeit immer mehr. Im J. 1806 ward die Gefährlichkeit allerseits eingestanden; jedoch hinderte der Krieg für die nächste Zeit jede Unternehmung. Endlich entschloß sich 1812 das Kloster, welches damals seit der Verlegung nach Malchow noch das Patronat hatte, „zum Durch= oder Neubau". Der Neubau ist denn auch in den Jahren 1812 bis 1817 durch einen Maurermeister ausgeführt (eingeweihet 31. October 1817), leider in einer Weise, welche der damaligen künstlerischen Bildung ein klares Armuthszeugniß ausstellt und der Stadt nicht zur Zierde gereicht. Das Kirchenpatronat ging durch Vertrag vom 18. April 1825 von dem Kloster an den Magistrat der Stadt über.

Die einzigen künstlerischen Ueberbleibsel aus alter Zeit sind, außer den angeführten Urkunden in fremden Archiven, die Abbrücke der alten Stadtsiegel.

Die neuen Stadtsiegel (sicher seit 1613) haben ein vollständiges Stadtthor mit einer durch ein Fallgitter halb geschlossenen Thoröffnung, mit zwei Thorthürmen und Mauerwerk zu den Seiten und einem Herzen zwischen den Thürmen über der Thoröffnung; vgl. meine Angaben in Milde Meklenb. Städtesiegeln, Heft 1, S. 20. Schon vor ungefähr 25 Jahren entdeckte ich im Geh. und Haupt=Archive zu Schwerin ein viel älteres Siegel (das einzige in diesem Archive) an der Erbeinigungs=Urkunde der Fürsten von Werle vom 8. Mai 1353 (gedruckt in Lisch Maltzan. Urk. II, S. 109—115), welches in Milde a. a. O. Taf. 11, Nr. 23 abgebildet ist; dieses Siegel enthält aber nur zwei in Wellen neben einander stehende, bedachte Mauerthürme mit Zinnen, mit einem Herzen oben zwischen den Dächern. Die Umschrift dieses alten Siegels lautet:

✠ S' COMSVLVN IM NALCHOWA

Nach dieser Umschrift ist dieses Siegel nur das Rathssiegel oder Geschäftssiegel des Raths, nicht das Stadtsiegel oder Siegel des Raths und der „Gemeinde" oder „Gemeinheit". Die concentrischen Viertelkreise an den Fundamenten der Thürme halte ich für Wellen. Früher (in Maltzan. Urk. a. a. O.) habe ich in dem nicht scharfen Abdruck auf den Thürmen statt der Dächer Vogelköpfe zu erkennen geglaubt; bei scharfer Beleuchtung und Besichtigung kann ich jetzt aber nur Thurmspitzen erkennen.

Im J. 1866 entdeckte ich aber im Archive des Klosters Malchow an einer (unten abgedruckten) Urkunde¹) vom 22. März 1366 über die Herders-Mühle das hieneben auf Kosten der Stadt abgebildete größere Stadtsiegel, welches auch in der Urkunde ausdrücklich Siegel der Stadt („sigillum civitatis") genannt wird und bestimmt die Umschrift führt:

✠ S' · [CIVI]TATIS ❋ MALChOV ·

Dieses Siegel, welches jedenfalls noch aus der ersten Hälfte des 14. Jahrh., wahrscheinlich aber noch aus dem Ende des 13. Jahrh. stammt, hat nun genau dasselbe Siegelbild, welches das Rathssiegel hat; nur hat es unten zwischen den Thürmen auf den Wellen einen, wenn auch sehr flach geschnittenen, doch deutlichen Vogelkopf mit Hals, welcher den Schnabel durch einen Siegelring steckt. Genannt wird das Stadtsiegel („sigillum ciuitatis Malchow") schon am 24. Aug. 1309 (vgl. Jahrb. II, S. 256).

Dies ist also das vollständige Siegel der Stadt. Die Deutung desselben ist jetzt wohl unmöglich. Die beiden Mauerthürme können die beiden Stadteingänge von Norden und Süden, die Wellen die Insel bedeuten, auf welcher die Stadt steht. Das besondere Beizeichen des Herzens weiß ich aber nicht herzuleiten; man hat es wohl für eine Anspielung auf das im J. 1298 auf das Südufer von Röbel her verlegte Nonnenkloster gehalten; aber ich glaube, daß das Stadtzeichen aus der Zeit der Stiftung der Stadt stammt, ja daß der Siegelstempel älter ist, als das Kloster bei Malchow, halte auch dafür, daß eine Stadt nicht von einem außerhalb ihrer Grenzen belegenen Kloster ein Zeichen in ihr Siegel aufnahm und daß mir die Anspielung auf ein Kloster durch ein Herz für jene kräftigen Zeiten etwas empfindsam zu sein scheint. — Noch weniger weiß ich den Vogel mit dem Ring um den Schnabel zu deuten, wenn er nicht eine allgemeine Anspielung auf die für die Stadt in alter

---

1) Vgl. Beilage Nr. 2.

Zeit sehr wichtige vornehme Familie Pape sein könnte, welche ein Pelikansnest auf dem Helme führte (vgl. oben S. 31).

Diese Urkunde vom J. 1366 giebt außerdem mancherlei werthvolle Nachrichten über die alte Geschichte der Stadt. Als vorherrschend im Rath treten die Rathmänner aus den (unten ausführlicher behandelten) vornehmen Patricierfamilien Elers, Vogt und Kreveftorf auf. Es wird die Eintragung in das Stadtbuch („codex nostre civitatis") erwähnt. Ferner wird gesagt, daß der Rath damals das Schulhaus („camera scole") als Rathhaus („pro consistorio") benutzte, vielleicht wegen eines Brandes. Endlich wird der Besiegelung der Urkunde mit dem abgebildeten alten Stadtsiegel („sigillum nostre civitatis") gedacht.

9.
Das Patriciat der Stadt Malchow.

Es ist in neuern Zeiten vielfach bewiesen worden, daß in den kleinern Städten während der ersten Jahrhunderte ihres Bestehens auch ein Patriciat bestand, welches zwar nicht den großen Ruf des vorzugsweise sogenannten Patriciats in den freien Reichsstädten Süddeutschlands erlangte, aber doch immer durch Macht und Einfluß herrschend war (vgl. Jahrb. XI, S. 169). Die Patricier, die Nachkommen und Verwandten der Gründer der Städte, welche das Stadtrecht aus den sächsischen Ländern oder den Mutterstädten mitgebracht hatten, lassen sich leicht daran erkennen, daß sie ausschließlich die Rathsstellen besetzten, also regierten, und ein Wappen führten, auch lehnsfähig waren, wenn sie auch vom ritterlichen Roßdienst befreiet werden mußten, während sich die Bürger oder „Gewerke" mit ihrer Hausmarke im Siegel begnügten. Es läßt sich dies genau nachweisen und zu beachtenswerthen Ergebnissen gestalten, wenn man genug Original=Urkunden aus einer bestimmt begrenzten Gegend zur Verfügung hat. So ist es mir beim Durchforschen der Urkunden des Klosters Malchow gelungen, in der kleinen Stadt Malchow ein weit verzweigtes Patriciat zu entdecken.

Die Stadt hatte ihre Aecker größtentheils auf dem Nordufer, jedoch auch ziemlich großen Besitz auf dem Südufer. Neben dem Dorfe Alt=Malchow auf dem Südufer lagen viele kleine Höfe und Mühlen, welche im 13. Jahrh. wohl unmittelbar an vornehme Familien in der Stadt zu Lehn weggegeben waren. Diese Familien, von denen z. B.

die Pape ritterlichen Standes waren, sind oben berücksichtigt. Es bestand außer diesen in der Stadt aber noch ein eng geschlossenes Patriciat, welches jenen bevorzugten Familien gleich oder nahe stand.

Nachdem im J. 1298 das Nonnenkloster vom Marien-Magdalenen-Orden der Büßerinnen von Röbel nach Alt-Malchow verlegt war, kam das Kloster vielfach in Berührung mit dem Malchowschen Patriciat, und mancher Malchowscher Patriciersohn ward Propst oder Priester in dem strengen Kloster. Das Kloster brachte nur wenig irdische Güter von Röbel mit nach Malchow; es suchte daher, ganz allmählig den Patriciern die kleinen Höfe und Mühlen vor ihrem Klostergebiete abzuhandeln, bis es erst um die Mitte und in der zweiten Hälfte des 14. Jahrhunderts einige der großen Landgüter erwarb, welche das Damenstift noch jetzt besitzt. Es war dagegen vielleicht ein Fehler des Patriciats, daß es immer mehr von dem alten, kleinen Familienbesitz abstand und sich in größere Speculationen einließ, welche, wie gewöhnlich, mit der Zeit mehr Verderben, als Glück brachten.

Bei diesen kleinen Ankäufen zur Abrundung des eigentlichen Klostergebietes tritt nun, namentlich nur im 14. Jahrhundert, ein wohl geordnetes Patriciat in der Stadt Malchow auf.

Es sind namentlich 4 Familien, welche seit dem Anfange des 14. Jahrhunderts verschiedene Namen, aber merkwürdiger Weise dasselbe Wappen führen, nämlich die Familien: Elers, Vagt, von Krevtsdorf und Düsterwold. Alle führen in häufigem Vorkommen einen Schild mit drei Kleeblättern, deren Stengel in der Mitte des Schildes in einer Rosette zusammenstoßen und deren Dreiblätter in den drei Ecken des Schildes liegen, wie das hieneben abgebildete Siegel des Georg Krevestorp an der Urkunde vom 4. März 1377 zeigt.

Auf den ältesten Siegeln steht in der Mitte in jedem Winkel zwischen den Stengeln nur ein Knopf oder ein Punct und die Stengel stoßen unmittelbar an einander; im Laufe des Jahrhunderts aber mehren sich die Knöpfe um den Mittelpunct und es wird eine förmliche Rosette daraus, aus der die Stengel hervorwachsen.

Aus der Gleichheit des Wappens muß man schließen, daß alle diese Familien von Einem gemeinschaftlichen

Stammvater herkommen. Wer dieser aber gewesen sei, läßt sich wohl nicht mehr ergründen, da die Bürger von Malchow in den allerältesten Zeiten, mit wenigen Ausnahmen, nur mit einem Vornamen auftreten (vgl. Urk. B. I, Nr. 433) und die meisten Zunamen, oft nach den Gewerben, sich erst im Anfange des 14. Jahrhunderts zu bilden anfangen.

Es mag jedoch vergönnt sein, einige Muthmaßungen auszusprechen. Eine der 4 Familien hieß Vogheb, Voghebes oder Vaghebeke, d. h. Vogt, und es steht zu vermuthen, daß dieselbe von einem Manne abstammte, welcher Stadtvogt zu Malchow war. Nun erscheint am 23. Febr. 1294 zu Grüssow offenbar unter Malchowschen Bürgern ein „Reyner Vogt" („Reinerus advocatus": vgl. Urk. B. III, Nr. 2282), welcher wahrscheinlich Vogt zu Malchow war. Dieser wird Reiner Büne oder Bune sein, welcher wohl sicher dem im Lande Röbel sehr häufig vorkommenden alten Adelsgeschlechte[1] angehört. Der hier zur Frage stehende Reiner Büne oder Reiner Vogt kommt in der Zeit 1287 bis 1300 in und bei Malchow oft vor. Er tritt schon am 30. Junii 1287 zu Malchow hinter den Rittern und Geistlichen als der erste in der Reihe der Bürger auf (vgl. Urk. B. Nr. 1914) und eben so am 10. Mai 1293 mit der Bezeichnung als „Bürger in Malchow" (vgl. Urk. B. Nr. 2226). Dagegen wird er 1288, 1292, 1299 und 1300 unter den Knappen aufgeführt (vgl. Urk. B. III, Nr. 1957 und 2162 und IV, Nr. 2576 und 2618). Es wäre nun möglich, daß er der Vater des zuerst am 30. Nov. 1313 vorkommenden Heinrich Vagts, „Hinricus advocati", d. h. Vogts Sohn, wäre.

Jedoch ist hiebei zu bedenken, daß 23. Februar 1294 neben dem „Reyner Vogt" schon „Heinrich Düsterwolt" vorkommt (vgl. Urk. B. III, Nr. 2282), also beide wohl in gleichem Grade der Herstammung stehen und Düsterwolt nicht gut von Reiner Vogt herzuleiten ist. Es ist daher nicht unwahrscheinlich, daß Reiner Bune mit den Malchowschen Patricierfamilien gar nichts zu schaffen hat und nicht Stadtvogt, sondern Burgvogt war.

Viel eher ist es möglich, daß der Stadtvogt Bertram von Malchow, welcher 12. Sept. 1273 mit den Stadtvögten von Röbel und Wesenberg im Gefolge des

---

1) Die v. Bune hatten gleichen Schild mit den auch früh im Lande Röbel auftretenden Ketelhot, nämlich 3 Kesselhüte (mit Bändern), nach einer Dobbertiner Urkunde vom 24. Febr. 1342.

Fürsten Nicolaus von Werle auftritt („Bertrammus de Malechow minor aduocatus")1), der Stammvater der genannten Familien war.

Es ist aber auch möglich, daß ein Eler (Elerus) der Stammvater gewesen ist und die Familie schon ausgebildet mit Namen und Vermögen nach Malchow kam. Am 22. Junii 1304 verliehen die Fürsten von Werle den Malchow=schen Bürgern Eler, Nicolaus Becker und Woltbert („Elero, „Nycolao Pistori et Woltberto, fidelibus nostris et dilectis „in Malchow burgensibus") die Tibboldsmühle, später Vor= mühle genannt, vor dem Kloster Malchow. Später tritt „Ludolfus Eleri", also der Sohn des Elerus oder „Elers Sohn" als Bürger und Rathmann von Malchow auf, und daraus bildet sich der noch jetzt häufige Zuname Elers. Vielleicht wanderte die Familie aus Rostock ein. Es scheint nicht bloßer Zufall zu sein, wenn kurz vor dem Auftreten der Familien in Malchow dieselben Namen und Gewerbe in Rostock vorkommen. Im J. 1267 wollte der „Bäcker Eler Voget" (nicht Vogel) zu Rostock nach dem Gelobten Lande wallfahrten (vgl. Meklenb. Urk. B. II, Nr. 1103). Am 2. Februar 1280 war er gestorben: Gisela war die Wittwe des Bäckers Eler Vogt („Ghisele relicta Eleri Aduocati pistoris": Meklenb. Urk. B. II, Nr. 1514). Sein Sohn hieß auch Eler und war Besitzer einer halben Mühle am Rostocker Mühlendamm, welche er („Elerus filius Aduocati pistoris et mater sua Gysele": Meklenb. Urk. B. III, Nr. 1956) mit seiner Mutter Gisela am 26. Febr. 1288 verkaufte; unter den Zeugen war ein „Herderus cum macula". Die Becker kommen auch bald darauf mit den 4 Familien oft in Malchow vor. Diese Personen und Vorgänge scheinen allerdings auf einen Rostocker Ursprung zu deuten.

Die Familie von Krevtsdorf hat ohne Zweifel den Namen von einem Orte, der sich jetzt nicht mehr nachweisen läßt.

Die Familie (von) Düsterwold führt ihren Namen sicher von der bekannten Waldung gleiches Namens bei Waren, welche seit dem Anfange unserer Geschichte diesen Namen trägt. Dieser Zweig wird sich auch früh nach Waren gewandt haben, da 27. Junii 1382 und 25. Febr. 1396 ein „Dusterwolt, ratman to Warne", vorkommt.

Alle diese Familien kommen häufig in Besitzverhält=nissen und als Zeugen vor. Am 30. Nov. 1313 verkauften

---

1) Vgl. Meklb. Urk. B. II, Nr. 1295.

die Fürsten von Werle „ihren Getreuen Mathias von Kreuts-„dorf, Johann Düsterwold, Heinrich Vagt und Hein-„rich Düsterwold" („fidelibus nostris Mathie de Creuetes-„dorp, Jahanni Dusterwold, Hinrico Advocati et Hinrico „Dusterwold") die Schwicowen-Mühle bei Malchow. Sie erscheinen auch oft als die ersten im Rath der Stadt, z. B. am 16. Februar 1347: „Johannes Kreuetstorp, „Wulf Pistor et Ludekinus Eleri, consules in Mal-„chowe; am 25. Jan. 1348: Johannes Katzow, Herman-„nus Karghow, Johannes Dambeke, Jacobus Dusterwold, „Johannes Kreuestorp, Ludeke Eleri, Johannes Ho-„weth, consules in Malchowe; am 24. Junii 1357: „Ludeke Eler, Hannes Kreuestorp, Wasmut, Bolto, „Hennik Kowal, Ulrekes, ratmanne to Malchowe; „am 22. März 1366: consules ciuitatis Malchow „scilicet Ludolphus Eleri proconsul, Henricus Voghe-„deke, Vicke Kreuestorp, Johannes Bobelin, Johannes „Cruse u. s. w., und die Unterhändler waren: Ludolfus „Eleri presbyter et Ludolphus Eleri pronconsul. „Der erstere Ludolfus Eleri war schon 1360 probendarius „in monasterio Malchowe".

In diesem Sinne lassen sich die genannten 4 Familien mit Eigenthum und Briefen und Siegeln einzeln genau verfolgen.

1) Elers. Am 22. Junii 1304 verlieh der Fürst Ni-colaus von Werle den Bürgern Eler, Nicolaus Becker und Woltbert die bei der Stadt, d. h. vor dem Kloster, gelegene Tibboldsmühle oder Vormühle; am 24. Aug. 1309 war Eler („Eyler") der erste Rathmann zu Malchow (vgl. Jahrb. II, S. 257). Später erscheint Ludolphus Elers, wahr-scheinlich des Eler Sohn, als Bürger, Rathmann und Burge-meister zu Malchow: 1347, Febr. 16: Ludekinus Eleri con-sul; 1348, Jan. 25: Ludeke Eleri consul; 1356, Mai 7: Ludolfus Eleri consul; 1357, Jun. 24: Ludeke Eler ratman; 1363, März 3: Ludolfus Eleri civis; 1366, März 22: Lu-dolphus Eleri proconsul; 1374, Jan. 16: Ludolphus Eleri opidanus. Am 3. März (feria VI ante dominicam Oculi) 1363 schenkte „Ludolfus Eleri ciuis in Malchowe" dem Kloster Malchow den vierten Theil der Tibboldsmühle; angehängt ist sein rundes Siegel mit einem stehenden Schilde, auf welchem drei in der Mitte des Schildes zwischen 3 Knoten an einander stoßende Kleeblattstengel liegen, mit der Umschrift:

✠ S' LVDOLPhI ELERI

Dasselbe Siegel hängt an einer Urkunde vom 16. Jan. 1374, durch welche „Ludolphus Cleri" seine Mühle zu Grüssow verkaufte. Dies ist die einfachste Form des Schildzeichens, indem in der Mitte des Schildes noch keine Rose gebildet ist, sondern nur 3 Knoten zwischen den 3 Stengeln stehen. Ein anderer Ludolf Cleri war im J. 1360 Präbendar im Kloster Malchow und 1366 Priester.

2) **Vagt.** Die Familie Vagt (oder Vogt) tritt mehr als wahrscheinlich zuerst am 24. August 1309 mit dem Malchowschen Rathmann Lambert Vogt („Lambertus Aduocati: vgl. Jahrb. II, S. 257) und bald darauf sicher mit Heinrich Vagt oder Vagtes am 30. Nov. 1313 auf, als die Krevtsdorf und Düsterwold und Heinrich Vagt („Hinricus Advocati") mit der Schwickowenmühle belehnt werden. Im J. 1356, am 13. Octbr. (des dunredaghes vor sunte Gallen daghe) verkaufte „Hinrik Voghede" den vierten Theil der Schwertfegersmühle an Dietrich Burow; er hängt an die Urkunde ein schildförmiges Siegel mit demselben Schildzeichen und der leider am Ende lückenhaften Umschrift:

✠ S' hINRICI VOGhEDE[KE]

Das Schildzeichen ist schon ein wenig mehr ausgebildet, indem die drei Kleestengel in der Mitte des Schildes in einem Knoten zusammenstoßen, außer den 3 Knoten in den Winkeln. Am 22. März 1366 war dieser Heinrich Vagt tobt („Hinricus Voghedeke senior defunctus"), als dessen Schwiegersohn, der Rathmann Bernhard Rantze, den durch seine Frau ererbten vierten Theil der Herbersmühle dem Kloster Malchow verkaufte und vor dem Rath der Stadt aufließ, in welchem damals „Hinricus Voghedeke" Rathmann war. Am 24. Junii 1357 erscheint noch ein Brand Vaghedes.

3) **Krevtsdorf.** Am 30. Nov. 1313 überließen die Fürsten von Werle dem Mathias Krevtsdorf („Mathias de Creuetesdorp") und dem Johannes Düsterwold, dem Heinrich Vogedes („Advocati") und Heinrich Düsterwold die Schwickowenmühle. Am 23. April 1346 erscheinen die Brüder Johann und Willeke genannt „Krevestorp" und am 16. Febr. 1347, 7. Mai 1356 [1]) und 24. Junii 1357 tritt Johannes Krevestorp als Rathmann zu Malchow auf und neben ihm 1357 ein Vicke Krevestorp, welcher am 22.

---

1) Vgl. Lisch Maltzan. Urk. II, S. 137, wo sich unter den Malchowschen Rathsherren die Lücke: Joh . . . . torp genau durch: Johannes Krevostorp ergänzen läßt.

März 1366 auch als Rathmann erscheint. Am 4. März 1377 verkauften die Brüder Johann, Georg und Heinrich Kreveſtorp dem Kloſter Malchow die Schwertjegersmühle; an der Urkunde hangen 3 Siegel mit den drei Kleeſtengeln und den Umſchriften:

   1) ✠ S' · IOhANNI · ARAV[ASTO]RP
   2) ✠ S' · GAORRII · ARAVASTORP
   3) [✠ S' · h]INRIAI · RAVASTOR[P] ·

wie das oben abgebildete Siegel des Georg Kreveſtorp an dieſer Urkunde beweiſet. Dieſe Siegel haben in der Mitte des Schildes ſchon eine ausgebildete Roſette, in welcher die drei Kleeſtengel zuſammenſtoßen. Daſſelbe Schildzeichen hat auch am 21. Jan. 1375 Mathias Krevtsdorf, als er ſeinen Antheil an der Schwickowenmühle an Dietrich v. Flotow verkaufte.

 4) **Düſterwold.** Die Düſterwold erſcheinen ſchon am 23. Febr. 1294, indem „Heinrich Düſterwold" als Zeuge zu Grüſſow auftritt (vgl. Urk. B. III, Nr. 2282). Später erſcheinen ſie im 14. Jahrh. öfter, zuerſt am 30. Nov. 1313, als die Fürſten von Werle „ihren Getreuen Mathias von „Crevetesdorp (Mathie de Creuetesdorp) und dem Johann „Düſterwold, dem Heinrich Baghebes (advocati) und dem „Heinrich Düſterwold" die Schwickowenmühle überließen. Johann Düſterwold erſcheint als Zeuge am 7. März 1314 und am 11. Mai 1317 als Rathmann zu Malchow. Am 10. Febr. 1318 giebt der Fürſt Johann von Werle dem Johann Düſterwold die Anwartſchaft auf gewiſſe Güter der Grüſſower Mühle und der Herdersmühle. Er war noch 2. Jan. 1333 Rathmann in Malchow („Henneke Dusterwoldt consul in Malchow"). Am 13. Dec. 1344 war Heinrich Düſterwold Bürger und am 25. Jan. 1348 Jacob Düſterwold erſter Rathmann zu Malchow. Als Johann Düſterwold am 3. Julii 1375 durch 2 Urkunden dem Kloſter Malchow 7 Mark Jahreshebungen von der Bede aus Petersdorf und Kiſſerow und einen Hof mit 2 Hufen in Kiſſerow verkaufte, beſiegelte er die beiden Urkunden mit einem Siegel mit demſelben Schildzeichen und der Umſchrift:

   ✠ S' · IOhANNIS · DVSTARVVOLD

In der Mitte des Schildes ſtehen in einem Kreiſe 5 Knoten oder Kugeln ſtatt einer Roſette. Ein gleiches Siegel hängt an einer Urkunde vom 25. Febr. 1396, durch welche „Dusterwoldt eyn ratman tu Warne" 5 Mark Hebungen aus der Grüssower Mühle an Otto Bickenstede verkauft; er führt weder in der Urkunde, noch auf dem Siegel einen Vornamen; die Umschrift des Siegels lautet:

✠ S' DVS[TER]WOLD ·

Derselbe „Dusterwolt" zu Waren tritt schon am 27. Junii 1382 in Waren als Zeuge auf (vgl. Lisch Maltzan. Urk. II, S. 340).

Es wird sich aus diesen urkundlichen Darstellungen ergeben, daß diese vier Rathsfamilien in Malchow, neben einigen andern, z. B. Becker, Rantze u. a., ein geschlossenes Patriciat bildeten, welches sich auch im Landbesitz in den einzelnen Familien vielfach berührte.

Aehnlich mag es sich mit der Familie von Speck verhalten, welche ebenfalls in und bei Malchow auftritt und wohl von dem Gute Speck bei Waren jenseit der Müritz, nicht weit vom „Düsterwold", den Namen hat. Bis jetzt ist nur ein „Rave" oder „Raven von Specken" bekannt geworden. Er ist 1346 verschiedene Male Zeuge bei den Pritzbur und Gamm, scheinbar als Knappe. Am 26. Jan. 1347 wird er aber als Zeuge neben Willekin von Kreuetsdorp „Bürger in Malchow" genannt und am 16. Febr. 1347 als Zeuge in Malchow aufgeführt. Am 24. Junii 1357 verkauften seine nachgelassenen Kinder, die Söhne Jürges, Heinrich, Erich, Henning und Marquard, und die Tochter Adelheid, mit ihrer Mutter Gerberg, die von ihrem Vater hinterlassenen Güter in dem Dorfe Grüssow, nämlich einen Hof mit fünf Hufen, vier Katen, einen Speicher und eine Scheure auf dem Kirchhofe und eine Wort bei dem Hofe. Die drei ältesten Söhne führen im Siegel ein Wappen, eine Lilie [1]) unter einem mit zwei halben Lilien besetzten Sparren und nennen sich in der Umschrift der Siegel nur von Specke. Die über diesen Verkauf ausgestellte Urkunde [2]) ist für das Vorkommen des oben behandelten Patriciats und sonst für die Stadt Malchow nicht minder merkwürdig als die Urkunde vom 22. März 1366 (vgl. oben S. 45 und Beilage Nr. 2). Weiter hat sich aber diese Familie nicht verfolgen lassen.

---

[1]) Die Raben auf Still und Steinfeld in der Grafschaft Schwerin führen im Schilde eine liegende halbe Lilie. Schwerlich möchte sich aber hieraus auf eine Zusammengehörigkeit beider Familien schließen lassen.
[2]) Vgl. Beilage Nr. 1.

Beilage Nr. 1.

Die Kinder des verstorbenen Raven genannt von der Specke verkaufen dem Malchowschen Bürger Albrecht Schmidt die ihnen von ihrem Vater hinterlassenen Güter in dem Dorfe Grüssow.

D. d. (Malchow). 1357. Junii 24.

Witlick schal wesen allen gûden lûden, de dessen brêff hôren vnde sehen, dat wy brôdere Jureges, Hinrek, Erek, Henningh vnde Marquard, dede Rauens kindere sint van der Specke, dat em ghod gnedech sy, vse mu˙der ver Gherberch vnde Alheyt, de vse suster is, wy bekennen des âpenbâre, dat wy hebben verkofft redelken vnde reckelken myt vrygeme willekôre, mit gantzer vulbôrt vser mu˙der vnde vser suster, de hir benômet sint, vnde na râde vser vrunde, deme wîsen manne Albreght Smede, eyneme borghere tû Malchowe, vnde synen rechten erffnâmen alsodân gûdt, alse vs vse vâder gheeruet heft vnde wy gehat hebben na sînem dôde an deme dorpe to Grussowe: vêr kôten mit den wûrden vnde mit deme hûnreghelde, dat dâr tû ligt, einen spîker vnde eine schûne vp deme kerckhôue, eyne wûrt, dede ligt by deme hôue, de Rauen sunderleken dâr tû koft heft, vortmer ênen hoff mit viff hôuen, de drê hûuen schole wy brôdere vse mu˙der vnde vse suster hîr bevôren nômet sint vorlâten mit gantzem willen vôr vseme hern van Wenden, de andern twê hûuen schole wy Albrecht Smede vnde synen eruen vorlâten vôr vseme hern dem bischope, wen he eder syne eruen yt êschen, mit aller nût, mit aller vrûght, mit aller vrîgheit êwech tû besittende, also alse yt vse vâder heft gehat vnde vs geeruet hefft vnde wy na sîneme dôde gehat hebben, an holte, an velde, an wâtere, an weide, an wischen, an torue, an buschen, an richte, an brôken, an beken, an hoppengârden, an vtvlôte, an invlôte, vortmer mit allerleyge plicht, de tů deme vôrsprôkenen ghůde ligt vnde hôrt, dat hir vôr benômet ys. Dat alle desse stucke, de hir vôr bescreuen synt, stede, vast vnde vmbewurren blîuen, dat hebbe wy ghelôuet Jureges, Hinrek vnde Erek Rauens kindere sint vnde hêten van der Specke vnde lôuen en trůwen myt vsen lêuen medelôueren: Thideke Budden van Walowe, Henneke Papen van Zilitze, Brant Vaghedes van Poppentin, Maghorius Nacke van Lepsowe, Henningh Hauelbergh van Clippatendorf, Ghereke van Radem myt eyner sâmenden hant Albrecht Smede, sinen rechten eruen vnde hern Gherde, hern Diderek Wasmu'de, den prestern, Hannes Wasmude, Vicke Kreuestorpe vnde Hinrik Ulrekes vôr êne rechte wârschop des ghůdes, dat hir geschreuen steyt, vôr de vnmundegen kindere, em vnde sinen eruen, dat ghůt tu verlâtende, wen se tů eren iâren kômen sint, vnde vôr alle de ghêne, dede vôr ein recht kômen willen, recht geuen vnde nemen willen, vnde hengen vse inghesegheIe vortmer mit vser medelôuere inghesegheIe, de hir screuen stân, tů êner hôgeren bewâringe vôr dessen brêff, na godes bôrt dûsent iâr drêhundert iâr an deme sôuen vnde vefftigesten iâre, des dâghes sunte Johannes baptisten also he ghebâren wart. Hir hefft ôuer gheweset: Ludeke Eler, Hannes Kreuestorp, Wasmůt, Bolto, Henrik Kowal, Hinrik Ulrekes, râtmanne tů Malchow, Cru'se, Wokestowe, borghere tů Malchow, vnde ander gůder lůde vele.

Das Original liegt im Archive des Klosters Malchow. Alle Hauptstellen und Namen des vorstehenden Abdrucks sind nach dem Originale, die übrigen Stellen nach Dan. Clandrian's Abschrift abgeschrieben. Die 3 ersten Siegel sind schildförmig und haben eine Lilie unter einem mit Lilienblättern in den obern Schildwinkeln besetzten Sparren; Umschriften:

1) ······ RRII · DE · SPE ···
2) ········ CI · DE · SPECKE
3) · ✠ S' · ORICI · DE · SPE ···

Die Bürgen wohnten alle in der Nähe des Klosters Malchow. „Clippatendorf" lag nahe bei Grüssow, bei Zislow am Plauer See; vgl. Jahrb. XIII, S. 410.

Beilage Nr. 2.

Die Rathmänner der Stadt Malchow bezeugen, daß vor ihnen ihres Rathes Mitglied Bernhard Rantze dem Kloster Malchow den vierten Theil der Herders=mühle verkauft habe, welcher ihm Namens seiner Frau Margarethe, Heinrich Vogedekens Tochter, durch Erbschaft angefallen sei.

D. d. Malchow. 1366. März 22.

Nos consules ciuitatis Malchow, scilicet Ludolphus Eleri, proconsul, Henricus Voghedeke, Vicko Kreuestorp, Johannes Bobelin, Johannes Cruse, Vicko Wegener, Johannes Heyneman, Johannes Olderogge, Martinus Stureman, Hermannus Isermenger, uniuersis Christi fidelibus, ad quorum notitiam presens scriptum peruenerit, cupimus non latere publice protestantes, quod Bernardus Rantze, nostri consulatus consocius, in nostrorum omnium presentia constitutus, cum matura deliberatione prehabita et concilio suorum heredum uerorum et amicorum consensu, quorum interest, accedente, rite et rationabiliter uendidit discreto uiro domino Gherardo de Romgharden preposito et suo conuentui monasterii in Malchow pro centum marcis sclavicalium denariorum quartam partem molendini dicti Herdersmolen, cum omnibus suis prouentibus et libertatibus, que sibi nomine vxoris sue Margarete, filie Henrici Voghedekens senioris defuncti, iure hereditario et sub uera hereditate patrimonii per mortem eiusdem Henrici Voghedekens antedicti, patris vxoris sue, fuit deuoluta, libere perpetuis temporibus cum omni iure et utilitate possidendam, sicut ipse Bernardus Rantze et Hinricus Voghedekens, predictus pater uxoris sue, possederunt. De quibus centum marcis sibi XX marcas in prompto persoluebat, pro residuis uero octoginta marcis prepositus predictus uel qui pro tempore fuerit Bernardo Rantzen et Margarete sue uxori ad tempus vite eorum octo marcarum redditus monete currentis annuatim omni festo Michaelis erogabit, tali tamen conditione interposita, quod si unus illorum debitum carnis deo exsolueret, alius superuiuens sex marcarum redditus ad tempora vite sue sibi obtinebit. Cum autem ambo uniuerse carnis uiam ingredientur, toti VIII marcarum redditus ad dictum monasterium in Malchow libere reuoluentur. Ceterum iam dictam quartam partem molendini Hinricus Voghedeke, frater vxoris Bernardi Rantzen, in manu sua habuit et habet modo sub pheodali et eandem sic habebit preposito suoque conuentui predicto omnem ad utilitatem. Cum autem prepositus uel sui successores dominorum pheudi copiam habere potuerit, ipse Henricus Voghedeke una cum Bernardo Rantzen necnon suis (?) cum eorum heredibus dicto domino preposito aut eius successori pheodum, quod in dicta quarta parte molendini habuerunt siue adhuc habent, resignabunt, quotiens fuerint requisiti, et resignant in his scriptis, vt etiam in codice nostre ciuitatis est insertum ac manifeste ponetur. Acta sunt hec in camera scole, quam tunc pro consistorio habuimus, nobis omnibus presentibus, ut premittitur in his scriptis, anno domini 1366, dominica in passione domini qua cantatur Judica me deus. In cuius rei testimonium sigillum nostre ciuitatis est appensum. Hec inter dominum Gherardum prepositum et Bernardum Rantzen per dominum Ludolphum Eleri presbyterum et Ludolphum Eleri proconsulem sunt placitata.

Nach Dan. Clanbrian's Abschrift im Diplom. Malchow. vom J. 1576 im großherzoglichen Geh. und Haupt-Archive zu Schwerin, nach dem Originale. An der Original-Urkunde im Archive des Klosters Malchow hing noch im J. 1866 das hieneben auf Kosten der Stadt Malchow abgebildete Siegel der Stadt Malchow mit der Umschrift:

✠ S' · [CIVI]TATIS
❀ MALChOV ·

während bisher nur das Siegel des Raths („consulum") vom J. 1353 bekannt war (vgl. Milde Meklenb. Siegel H. I, T. 10, Nr. 23), welches sich, außer der Umschrift, von dem Stadtsiegel nur dadurch unterscheidet, daß auf demselben der Vogelkopf mit dem Ringe um den Schnabel zwischen den beiden Thürmen fehlt.